「不糾結」的人生

A life without entanglement

寧可以 編著

不消耗自己、學會放下過去、控制負面情緒⋯⋯

讓心過得好一點，別再忙著「應付人生」！

◆ 請停止「用力過猛」的人生！ ◆

生活壓力、人情來往、創傷記憶⋯⋯
人生最大的煩惱不是現實，而是你的「執念」！

目 錄

前言　　　　　　　　　　　　　　　005

第一章
放下仇恨，讓心靈輕盈　　　　　　009

第二章
學會忘記痛苦，懂得珍惜幸福　　　057

第三章
用捨心對待貪欲，用淡泊應對誘惑　093

第四章
不輕易發脾氣，絕對不生悶氣　　　129

目錄

第五章
笑對挫折，挫折是最好的機會　　　167

第六章
駕馭心理學，讓心態寧靜平和　　　201

前言

　　現代人整天忙忙碌碌,「忙什麼呢」成了人與人見面時最為常見的問候語。

　　忙什麼呢?忙著起床,忙著趕車,忙著上班;忙著念書,忙著升遷,忙著換工作;忙著接小孩,忙著做家事,忙著去旅行;忙著趕進度,忙著跑市場,忙著擴大企業規模⋯⋯總之,忙成了這個時代人們工作與生活的一大特點。

　　忙,無疑是勤奮的表現,是獲得成功的前提。每個人都想獲得成功,而獲得成功需要付出一定的努力,需要善用自己的時間,不虛度時光,但這不代表每天都要忙得天昏地暗,成為工作機器;忙得忽略了家庭、親情、愛情;忙得沒有娛樂,丟掉了生活樂趣⋯⋯處於如此狀態,使自己沒有了思考的空間,就只會讓自己的人生失去光澤,自然也不會取得什麼成功。試想一下,一味地只知道忙,但卻不注意方向、方法的工作狂,當然只會離成功越來越遠。

　　任何事物都有正反兩面,唯乎適度,做得恰到好處,才能發揮出最好的效果。現實中有不少人認為忙才是唯一,忙的生活才是有價值的生活,忙才能獲得價值感和認同感,以

前言

　　至於忙成為很多人引以為榮耀的生活態度，這其實是走入了一個迷思。

　　工作狂可以分為兩種。有些人是忙在其中也樂在其中，忙碌使他們的生活非常充實。可有些人卻忙得疲憊不堪，忙得碌碌無為。前者是用心在忙，後者是用身在忙。這個世界上大多數人都用身在忙，所以每天都有人叫苦連天、埋怨不已。

　　我們每天所忙的一切都是為了使自己的生活過得更好，可誰又真正問過自己過得是否幸福呢？當你行色匆匆地走在大街上，像個陀螺一樣旋轉得頭昏腦脹時，你可曾停下過腳步，靜下心來檢視當天的行程？就在我們把自己賣給生活，想以此換來幸福的時候，卻發現不僅沒有得到幸福，反而失去了自己。

　　有一個關於幸福起源的故事：上帝召集幾個天使開會，問他們應該把幸福藏在哪裡，好讓人們經由努力才能得到。一個天使說藏到森林裡吧，另一個天使說藏在大海裡吧，但都被上帝否定了。最後，一個天使說，那就藏在人們的心裡吧。上帝聽後微笑地點了點頭。

　　如果幸福真的在我們的心裡，如果我們忙得把自己都丟了，心不在焉，怎麼能獲得幸福呢？現代人最需要的是給內心「療傷」，因為你的忙碌，內心備受冷落，它已經在策劃潛

逃,逃離你的心靈,到時你就會成為一個空心人,哪怕是幸福像雨一樣從天而降,你也絲毫感受不到。

　　心因為忙碌而疲憊,幸福因為忙碌而錯過,這也許不是我們想要的結果!因此,請試著回歸自我,找回真正的自己吧!讓我們在每一個心思寧靜的片刻,仔細檢視內心的創傷與缺憾,用理性引導迷惑,用智慧點亮心燈。行色匆匆的工作狂們,當你感到身心疲憊,壓力重重,似乎有點透不過氣時,不妨慢走一會兒,緩一緩匆忙的腳步,鬆一鬆緊繃的心弦,讓受困的心稍作喘息。

　　當然,你也可以停駐這裡,與你蕪雜的內心聊聊天,靜靜感受溫暖穿透心靈的力量。就在這裡,有你需要的東西,有你想揭開的答案,有你想知曉的謎底,有你的內心在等你……

前言

第一章
放下仇恨，讓心靈輕盈

　　生活的經驗告訴我們，不管我們的理由如何，心懷仇恨總是不值得的。潛留在我們內心裡的侮辱，永難平復的創傷，會損壞我們生活中的許多可愛的事物，我們將被鎖在自己的苦惱深淵裡，無法解脫。我們的心如同一個容器，當愛越來越多時，仇恨就會被擠出去。我們不需要一味地、刻意地去消除仇恨，而是不斷用愛來充滿、用關懷來滋潤胸襟，仇恨自然沒有容身之處。

第一章　放下仇恨，讓心靈輕盈

仇恨是一支利箭，最終會射向自己

　　人生的痛苦大多是因為放不下心中的恨，仇恨使人一遍遍地回味曾經的痛苦感覺，排斥了生活中的幸福和快樂。而你的仇恨還沒有使你的敵人倒下，卻打亂了你的人生，並且還要付出沉重的代價。

　　仇恨是最原始的情感，是人類共有的一種心理情緒，普遍存在於人類的遺傳基因裡，它是比厭惡更強烈的情緒，是一種自我保護的本能。對待仇恨最常見的心理是復仇，但是仇恨本身很複雜，它只能給人短暫的力量，更多的是讓人毀滅。「有仇不報非君子」、「君子報仇，十年不晚」等等都是一些復仇心態的描述。還有句俗語「冤冤相報何時了」，說的是仇恨和復仇是一個連續循環的過程，並沒有了結的時候。其潛在的含義是，必須放下仇恨，才能開始新生，因為仇恨給人造成的惡果何其之多。

　　首先，仇恨使人失察。一個心裡充滿仇恨的人，一般都不可能冷靜、清醒、客觀而全面地分析問題，在他的眼裡一切都是扭曲的。其次，仇恨使人失誤。一個人在失察的基礎

上，講出的理由完全是別人的錯，並有意無意地誇大自己所受的委屈，錯誤的消息來源必然導致錯誤的決策，被仇恨的情緒控制必然喪失理智，估量不出輕重，看不到後果，缺少智慧的判斷力，往往會一失足成千古恨。再次，仇恨使人失常。有一句歌詞是這樣寫的：「仇恨入心要發芽。」心懷仇恨者，仇恨的心理也會無休無止地煎熬著自己，使人的行為反常、煩躁易怒，最終會變成一個令人討厭的人。

有個成語叫怒火中燒，意思是怒火在心中燃燒。實際上，人們之所以會有心火燃燒的感覺，是因為仇恨的情緒會導致胃液分泌旺盛而傷及了胃腸，嚴重危害身心健康。不僅僅是腸胃受到傷害，醫學上認為，長期心懷仇恨的人，高血壓和心臟病就會如影隨形，伴你度過痛苦的一生。同時，因為仇恨，也會導致缺乏對理想的執著與追求，事業成功將會遙遙無期。

「二戰」期間，德國納粹的集中營中不僅關押著許多猶太人，而且還有很多從前線押送過來的戰俘。納粹對這些戰俘的虐待絲毫不遜於對待猶太人。許多戰俘被折磨致死。戰爭結束後，那些倖存的戰俘每年都會相約到曾經被關押的地方去悼念死去的同袍，並祈禱世界和平。詹姆士就是其之一。

後來，詹姆士曾在他的日記裡寫有這樣一段關於他和難友的對話：

第一章　放下仇恨，讓心靈輕盈

　　我和他曾被關押在同一監室裡，我們受盡了魔鬼的折磨。他和我們一樣，充滿了對邪惡的憎恨和對和平的渴望。今天是我們獲得自由的20週年紀念，我們再次來到這個邪惡的地方。我輕輕地問他：「你已原諒那群殘暴的傢伙了嗎？」

　　「是的！我早已原諒他們了。」

　　「我可是一點都沒有原諒他們，我恨透他們了，這些壞蛋害得我家破人亡，至今想起仍讓我咬牙切齒！恨不得將他們千刀萬剮！」

　　他聽了之後，靜靜地說道：「若是這樣，那他們還在監禁你。」

　　我有些驚愕。

　　他補充道：「我們是需要記住這段罪惡的歷史，但是我們已經不需要仇恨了。」

　　關於「二戰」的記憶，這是所有經歷過的人的夢魘，雖然戰爭已經結束，但是詹姆士仍然活在仇恨的記憶中，所以他也就一直沒有從痛苦的走出來，正如詹姆士的朋友說的，敵人監禁了你的身體，你卻禁錮自己的心靈。

　　溫斯頓·邱吉爾（Winston Churchill）用自己的經驗歸結出：「復仇是最為寶貴的，也是最沒有收穫的。」人與人之間避免不了因相互誤解而使友誼和感情受傷破裂，因而導致仇恨。但人總不能整天生活在仇恨中，終日觸碰自己的舊傷疤，數落著過去的傷心事。復仇的想法會讓你的靈魂受到玷

汙，使你不再信任世界，變得憤世嫉俗而且充滿偏見。

記住仇恨又能給我們帶來什麼呢？與其憤恨不平，為難自己，不如寬容他人，解放自己。因為仇恨如興奮劑，用一時可以，但不能長久，因為長時間的累積最終傷害的是自己。最好的方式是以寬容的心態將這種仇恨栽培成一盆鮮花，讓自己心裡開花，才能讓周圍遍地開花。時間帶走一切也考驗一切，值得珍惜的是無限春光和快樂的果實，真正的友誼並不因誤解、仇恨而遜色，反而因海納百川的胸懷和氣度增色不少。

第一章　放下仇恨，讓心靈輕盈

憎恨別人對自己是一種很大的損失

憎恨是自己受折磨，仇恨的怒火將燃燒你自己。當你憎恨一個人的時候，你自己的心也是在隱隱作痛，而你所憎恨的那個人，卻是無動於衷的。

《賢愚經》告訴我們：「作為一個人，一定要保持一顆慈愛的心，除去那些怨恨別人的想法。」因為憎恨別人對自己是一種很大的損失，惡語永遠不要出自於我們的口中，不管它有多壞、有多惡，你罵它，你的心就被汙染了。雖然我們不能改變周遭的世界，但我們能改變自己，用慈悲心和智慧心來面對這一切。擁有一顆無私的愛心，便擁有了一切，根本不必回頭去看咒罵你的人是誰，如果有一條瘋狗咬你一口，難道你也要趴下去反咬牠一口嗎？

你的怨恨無法對他人產生任何作用，反而是你自己內心裡的怨恨影響了你自身的健康，因為你的怨憤態度使你產生了負面情緒，這負面情緒對你的健康和性情都會產生很大的反效果，從而對你造成傷害。更為嚴重的是，你總是想著自己受到了不公平的待遇，總是因此而極不愉快，從而也就會

招致更多的不愉快。

　　一顆不能承受傷害的心靈是脆弱而難以生存的，一顆不能諒解傷害並寬容異己的心靈是狂暴而可怕的，因為仇恨不僅傷害別人，也折磨自己。寬容不僅是一個人、一個社會必要的德性，也是一種非此不可的生存智慧。只有學會寬容，才有足夠的心力承擔生活的重負。

　　路旁的合歡樹一直對梧桐樹耿耿於懷，因為它總是霸道地獨自占有陽光，只留一片陰影給合歡樹。

　　因為有陽光的照顧，梧桐樹越長越高，個頭遠遠超過了合歡樹。於是，它更加強勢地擋住了全部的陽光。也是因為高大，梧桐樹總能得到行人的關注，路過的行人都說，瞧那棵梧桐樹，真是高大威猛。

　　瞧它那得意的樣子，瞧它那高高在上的姿態，合歡樹越看越覺得不舒服，被行人冷落的感覺真不好，合歡樹一度沉默寡言。連負責照顧它們的綠化工人也對梧桐樹偏心，為它修剪枝葉的時候總要更溫柔一些。

　　合歡樹覺得自己被冷落，是因為它一直生活在梧桐樹的陰影下，所以，合歡樹恨透了梧桐樹。

　　終於有一天，因為它們的高壓電線要從上空經過，高大的梧桐樹被移走了，合歡樹覺得自己終於「守得雲開見月明」，整日得意不已。

　　轉眼間夏天來了，猛烈的陽光照得路上的行人都睜不開

第一章　放下仇恨，讓心靈輕盈

眼。合歡樹失去了梧桐樹的遮蔽，就快要被太陽晒死了。這時，合歡樹才悔悟到，如果梧桐樹還在自己身邊該多好，可惜已經太晚了。

我們常在自己的腦海裡預設了一些規定，認為別人應該有什麼樣的行為。如果對方違反規定，就會引起我們的怨恨。其實，因為別人對「我們」的規定置之不理，就感到怨恨，不是很可笑嗎？

大多數人都一直以為，只要我們不原諒對方，就可以讓對方得到一些教訓。也就是說：「只要我不原諒你，你就沒有好日子過。」其實，倒楣的人是我們自己：一肚子窩囊氣，甚至連覺也睡不好。如果當你覺得怨恨一個人時，請先閉上眼睛，體會一下自己的感覺，感受一下自己身體的反應，你就會發現：讓別人自覺有罪，你也不會快樂。

處在悲痛和憤怒中的人大致可以分為兩種：第一種人始終生活在憤怒和痛苦的陰影下；第二種人卻能得到超乎常人的同情心和深度。在面對令人心碎的，並且是那些在人的一生中都難以倖免之事，例如大病、孤獨和絕望時，這兩種人會有不同的選擇。其實，失去珍貴的東西之後，總有一段時間會傷心、絕望。問題是，你最後到底變得更堅強，還是更軟弱呢？寬恕、忘記對他人的怨憤之心吧！這是一個智者的做法。

感謝善意或惡意打擊你的人

　　打擊能夠刺激我們不斷進取，獲得成功，因此要感謝打擊我們的人，有他們的存在，才有我們的不斷壯大和成功。感激打擊你的人吧，是他們為你創造了一個又一個生命中美好的春天……

　　在生活中經常會遇到別人善意的或者惡意的打擊，有時可能在傷心的同時，會深深怨恨那個打擊你的人。朋友，感謝他吧，是他讓你知道自己原來還不完美，否則不會讓別人不滿。

　　打擊你最深的人，不一定是惡人，他可能造就一個堅強的你，讓你走向成功。

　　感謝那些打擊你的人，因為他提醒了你的缺點，磨鍊了你的意志，增加了你的智慧，改變了你的性格，激發了你的鬥志，讓你更加堅強。

　　每個人都不是十全十美的，都不能保證自己不犯錯，如果你害怕遭到別人的嘲笑，害怕別人的打擊，而不得不對自己的過失加以掩飾，那你就大錯特錯了。不要把精力都放在

第一章 放下仇恨，讓心靈輕盈

避免別人的嘲笑和打擊上，而是放到你的學習中去。

戲劇中的小丑不怕被別人嘲笑，因為他們本身就是靠出醜來帶給觀眾快樂並得到認可。如果我們不能接受別人的嘲笑，受不了別人的打擊，就越會受到別人更多的挑剔和攻擊，我們就會更痛苦。如果不能忍一時之痛，那麼痛苦將會是長久的。沒有了怨恨，自然就沒有了痛苦！

王友傑沒有上過大學，家在農村，高中畢業後回家種田。在農村，如果有一樣手藝，就會生活得好點。於是，王友傑的母親替他找了個木工師傅，教他技術。從此他就和師傅一起學做木工，最初是在農村蓋房子，後來做點裝修，他從不習慣到出師，吃了很多苦，受了很多委屈，很多次在夢中哭著醒來，很多次累得體力不支，又很多次悲觀絕望。漸漸地，他能用自己學來的手藝賺錢了。

一天，一個高中同學來看望王友傑，當時他正在替別人裝修房子，身上髒兮兮的。同學見他那一身裝束，很不舒服，眉頭一皺，隨口說了句：「沒想到你現在在做這種工作，真是個窩囊廢！」然後就離開了。

王友傑停下了手裡的工作，眼淚不停地往下流，心裡也不知道是什麼滋味，難受得快要窒息了。他在心裡暗暗發誓：我不要做窩囊廢，我一定要發憤圖強，做個像模像樣的人。從那以後，他開始努力了，工作之餘，發憤讀書，在短短的時間裡通過了學力鑑定考試，並考上了公務員。現在在行政部門工作，已經是部門的核心人物了，工作也很出色，得到

了上司的認可和同事的讚賞。

王友傑的同學說他是個窩囊廢，話說得很難聽，很打擊人，但是卻激發了王友傑的鬥志，激發了他前進的動力，讓他獲得了今天的成功。當一個人受盡打擊時，潛能才能被激發出來，而且唯有此時，才能越挫越勇，逼自己去突破現狀！其實，在所有成功路上絆倒你的「打擊」，背後都隱藏著激勵你奮發向上的動機。

很多時候我們都很討厭打擊自己的人，有時甚至恨之入骨。其實仔細想想，在打擊的背後，或許帶給我們的是一種激勵和幫助，要我們在打擊中成熟。我們應該感謝打擊自己的人，因為打擊自己的人給了我們鍛鍊和成功的機會。

打擊，使你堅強成熟。在人的成長過程中，親人的關心呵護，老師的教導，同事和朋友們的幫助，使一個人健康快樂地成長。但是溫室裡不可能培育出棟梁之才，溫室裡的花朵太嬌嫩了，只有經歷大自然風吹日晒、雨雪摧殘，才能使自己強壯起來。打擊，在你的生命中是重要的，打擊對我們造成的激勵作用也是非常重要的，受到別人的打擊，可以使自己堅強成熟起來。

沒有打擊，就不可能成功。《孟子・告子下》中有這樣一句話：「天將降大任於斯人也，必先苦其心志，勞其筋骨，餓其體膚，空乏其身，行拂亂其所為，所以動心忍性，增益

其所不能。」的確如此，可以看到，凡是最後成為棟梁之才、成為偉人的人，都不會是一帆風順、事事順心如意，都是經歷了很多困難和打擊、吃盡了苦頭才成功的。

沒有打擊就沒有人生的超越。回顧你走過的路，你會驚奇地發現，真正促使你成功的不是優越的環境，真正讓你堅持到底的不是朋友和親人，真正激發你、讓你昂首闊步的不是金錢和榮譽，而是那些常常置人於死地的打擊、挫折。

打擊是生活給你最好的機會和餽贈。把別人對你的打擊傷害轉化成你前進的動力，你就會發現打擊和苦難也是人生的寶貴財富，如果沒有被別人打擊過，就不會那麼堅強地站在大地上。我們應該感謝那些曾經打擊過我們的朋友和敵人，因為成功既來自比你高的人的提拔，也來自比你低的人的激勵。你的進步和成熟在受打擊和受挫折中逐步累積的，對打擊過你的人說聲「謝謝」吧。

如果你遭遇了傷害、打擊和背叛，請不要憤恨、抱怨，請用一顆平常的心去對待，因為所有的一切，都是人生的必經之路。感謝打擊！感謝所有打擊你的人！因為別人的打擊，你正在成熟，正在進步，並且會走向成功。

不念舊惡，不計前嫌

不念舊惡意味著理解和包容，是調和人際關係的催化劑，是友誼之橋的黏著劑。不計前嫌，至少可以從憎恨他人的苦惱中解脫出來，那麼，每一天的生活都會是輕鬆愉快的。

據說我們是挑著兩個籃子來到這個世界上的，前面的籃子裡盛著別人的過錯，而後面的籃子裡盛著自己的過錯。因此我們總是看到別人的過錯，而看不到自己的過錯。別人的過錯看得多了，狹隘也就產生了。狹隘的性格雖然不是大害，但卻讓你的朋友越來越少，路越走越窄，而「以大度包容，則萬事兼濟」。確實如此，以寬容大度的心態，才能處理好各方面的事情。

古人說得好：得放手時須放手，得饒人外且饒人。不念舊惡、不計前嫌是一種寬容，一種博大的胸懷。事實上，寬容並不代表無能，卻正是一個人見識、心胸和人格魅力的展現，更能表現出人的品德高尚的一面。人非聖賢，孰能無過。當一個人犯了錯，多麼渴望得到他人的諒解，原諒他，

第一章 放下仇恨，讓心靈輕盈

他將心存感激。

我們知道在日常的跌跌撞撞中，惡意傷人的總是少數。別人一時的過錯，往往是由於誤解或認知上的偏差。如果你能以寬容的心態處之，不計前嫌，落落大方地原諒對方，不僅可以消除心中的煩惱，而且能夠令人由衷地佩服，產生感激和敬意，從而化恨為愛，化敵為友，廣結善緣。反之，對別人的過失老是耿耿於懷，糾纏不放，結果只會讓自己越來越狹隘，與人結怨日深，煩惱日增。

丙吉是漢宣帝時的丞相，以知大節、識大體著稱。又寬厚待人，懲惡揚善。尤其是對下屬，從不求全責備。對好的下屬，他大加讚揚；對犯了過失的下屬，只要是能原諒、寬容的，他都盡可能地原諒、寬容他們。

丙吉有一個車夫，駕車的技術很好，其他方面也沒有什麼問題，就是有一個毛病——喜歡喝酒。他經常喝得醉醺醺的，出門在外也是這樣。

有一次，丙吉出門辦事，帶了這個車夫駕車。殊不知他這次喝得大醉，車子還在路上，他就嘔吐起來，把車上的坐席都弄髒了。車夫一見自己弄髒了坐席，嚇得不知怎麼才好。

但丙吉並沒有多說他什麼，只讓他把車上的汙漬擦乾淨，然後又趕車上路。

回到相府，管家知道這件事後非常生氣，狠狠地訓斥了

車夫一頓,並向丙吉建議說:「大人,這個車夫實在是不像話,乾脆把他趕走算了!」

丙吉搖搖頭說:「不要這樣做。因為他喝醉酒犯了一點小小的過失就趕走他,你讓他到哪裡去容身呢?他不過是弄髒了我的坐席罷了,算不上什麼大罪。還是原諒他吧,我相信他自己會改正的。」

管家這才沒有趕走那個車夫。車夫知道是丞相的寬宏大量才保住了自己的工作後,內心非常感激,決心報答丞相。從此更盡心盡意地趕車,酒也喝得少多了。

車夫原本是邊疆人,熟知邊防緊急方面的狀況。有一次,他在長安街上看到一名驛站的官員疾馳而過,猜想一定是邊境上發生了什麼緊急的事情。於是他緊跟著到驛館裡去打聽消息,果然得知是匈奴入侵中郡和代郡,那裡的郡守派人告急。

車夫立即回府,把自己探聽到的情況向丙吉報告。丙吉知道宣帝馬上會召自己進宮商議,便叫來有關方面的屬下,向他們了解被入侵地區的官員任職以及防務等方面的詳細情況,思考了對策。

不一會兒,漢宣帝果然召見丙吉和御史大夫等人商議救援之事。由於丙吉事先已知道了消息,並且有所準備,所以胸有成竹,侃侃而談,很快提出了可行的救援辦法。而御史大夫等人卻是倉促進宮,一點消息也不知道,對被入侵地區的情況也不太了解,一時之間根本就說不出什麼來,更不用說切實可行的救援辦法了。

第一章　放下仇恨，讓心靈輕盈

　　兩相比較，對照鮮明。漢宣帝讚賞丙吉「憂邊思職」，對御史大夫等人卻很不滿意。

　　退朝後，其他大臣對丙吉十分欽佩，丙吉卻對大家說：「實不相瞞，今天是因為我的車夫事先打聽到消息並告訴了我，使我預先有了準備。當初，他曾經醉酒嘔吐，弄髒了我的車座，我原諒了他，所以他才有今天的舉動。」

　　說到這裡，丙吉又感嘆道：「所以啊，每個人都有他的所長，也各有所短，我們應當盡量容忍別人的過失。想想看，假如當初我不容忍車夫的過失，把他趕走了，能有今天受到皇上的表彰嗎？」

　　眾人都點頭嘆服。

　　像丙吉這樣豁達大度的人，才可能在逆境中取得成功。因為一個成功的人應該有不計前嫌、海納百川的胸襟，盡可能化敵為友，連以前的敵人都在幫你，怎麼能不成功？阿拉伯著名的詩人薩迪說：「誰想在困厄中得到援助，就應在平日待人以寬。」

　　不要拿別人的錯誤來懲罰自己，不要拿過去的錯誤來懲罰現在。聰明的人懂得善待別人，不會抓著對方的錯誤不放，可是有人卻容忍不下，計得失，算恩怨，針尖對麥芒，以眼還眼，以牙還牙，以怨報怨，導致衝突升級，關係緊張，雙方都捆綁在無休止的爭鬥上。記住別人對我們的恩惠，洗去我們對別人的怨恨，這樣的人生才會陽光明媚。

人要有點「不念舊惡，不計前嫌」的精神，種下一個善因，得到一個善果。這就需要我們學會寬容，寬容於人，寬容於事，得到的是安然、寧靜、和諧與友好，其善莫大焉。

第一章　放下仇恨，讓心靈輕盈

愛產生愛，用愛心化解仇恨

面對結下的仇恨，用同樣的仇恨去化解，只會種下更多的仇恨，甚至帶來無數的紛爭與禍患。仇恨只能消不能添，只有懂得用愛心去澆滅那些仇恨火焰的人，才能消除怨恨，才能博得他人的感動，才能贏得他人的信任，才能獲得身心的自由，才能領悟到人生的真諦。

「有仇不報非君子」，這句話表面上看似豪言壯語，實則鼠目寸光。它的直接後果是無休無止的冤冤相報，帶給平靜的社會恐怖，使難得的祥和蒙上陰影，後患無窮。古人說：「人生一世，草長一秋，成大事者需有容人之雅量。」莎士比亞說：「不要因為你的敵人而燃起一把怒火，熾熱得燒傷你自己。」這都是在告訴我們冤冤相報無法撫平內心的傷痕，它只能把傷害者和被傷害者牢牢地捆綁在無休止的仇恨戰車上。

中東地區經年累月槍炮聲此起彼伏，死傷不計其數，倖存者肝腸寸斷，苦不堪言。導致這種情況發生的原因就是冤冤相報，就是仇恨。仇恨是阻礙社會進步的最大負面力量，

也是讓個人陷入谷底的罪魁禍首。如果能擁有寬容、寬恕的心，擁有真正無邊無際的大愛，才能化解仇恨，重塑和平。

1944年的冬天，蘇軍終於把德軍趕出了國門，成千上萬的德國兵成了俘虜。每天，都有一排排的德國戰俘從莫斯科大街上走過。每當他們走過時，馬路的兩邊都擠滿了人。蘇軍士兵和警察警戒在戰俘和圍觀者之間。圍觀者大部分是婦女。他們當中的每一個人，都是戰爭的受害者。他們的親人，或者是兒子，或者是兄弟，或者是丈夫，或者是父親，都死在了德軍的手裡。他們每一個人，都和德軍有著血海深仇。

當德國兵出現時，婦女們懷著滿腔仇恨把一雙雙勞動的手緊握成拳頭。士兵和警察們竭盡全力阻攔她們，生怕她們情緒失控而做出不當之舉。

這時，最令人不可思議的一幕發生了：一位上了年紀的老婦人，穿著一雙戰爭年代的破舊的長筒靴，走到一個警察身邊，懇求警察能讓她走近俘虜。警察看她滿臉慈祥，沒有什麼惡意，便同意了這位老婦人的請求。

她走到俘虜身邊，從懷裡掏出一個印花方巾包裹，裡面是一塊黑麵包，她不好意思地把這塊黑麵包塞到一個疲憊不堪的、拖著雙拐艱難挪動的俘虜的衣袋裡。

俘虜怔怔地望著這位老婦人，剎那間淚流滿面，他扔掉雙拐，「撲通」一聲跪倒在地，給這位善良的婦女重重地磕了三個響頭。其他的俘虜受到感染，也接二連三地跪下，拚

第一章　放下仇恨，讓心靈輕盈

命地向圍觀的婦女磕頭謝罪。於是，人群中憤怒的氣氛一下就消逝了，緊接著看到，婦女們從四面八方湧向俘虜，把麵包、香菸等塞給這些曾經的仇人。

這是葉夫圖申科（Yevgeny Yevtushenko）在《提前撰寫的自傳》中講的一則故事。在這個故事的結尾，有這樣兩句話：「這些人已經不是敵人了，這些人已經是自己人了。」

仇恨會使人痛苦，使人失去理智，而寬恕卻可以帶給人寧靜、快樂。釋迦牟尼佛祖寬恕了十惡不赦的提婆達多；耶穌寬恕了出賣自己的門徒猶大……不是他們是非不分，善惡不明，而是他們擁有博大的胸襟。他們是在仇恨的土地上種上寬恕的種子。因為他們知道報復的代價太高，它不僅會深深傷害到自己的心，也會讓傷害無止境。

儒家講求的是「仁者愛人」、「慈悲為懷」。歷史上有諸多胸懷大志、高瞻遠矚的智者，他們無不修身持德，以仁愛為懷，寬以待人，以德報怨，書寫了不朽的傳奇篇章，遺留下溫暖的美好記憶。春秋時期，五霸之首齊桓公不記一箭之仇而寬恕管仲，最終九合諸侯，一匡天下，成就一代霸業；戰國時期，趙國的藺相如面對廉頗的數次挑釁，始終不計較，而以國事大局為主，致使廉頗最終負荊請罪，二人成為至交，將相和的故事傳為美談；三國時期，諸葛亮征戰南國，七擒七縱孟獲，使孟獲心服口服，歸順後立下了汗馬功

勞……可見，寬恕之心大能敵國，小能服人。沒有寬廣的胸懷，小肚雞腸，斤斤計較，片言隻語也耿耿於懷的人，難以成就偉大的事業。所以，我們永遠不要有報復自己仇人的念頭。而徹底「消滅」仇人的不二選擇，就是用愛將他們變成自己的朋友。

愛擁有世界上最偉大的力量，讓愛常駐你的心間吧！因為，心若改變，你的態度跟著改變；態度改變，你的習慣跟著改變；習慣改變，你的性格跟著改變；性格改變，你的人生跟著改變。懂得用大愛之心去寬恕他人，是一種博大的胸懷，是贏得友善的重要基礎，是化解怨恨的關鍵所在，也是走向成功之路所必不可缺的寶貴品格。

第一章　放下仇恨，讓心靈輕盈

生活中盡量避免和別人衝突

　　誰都難免會遇上難堪的誤解、遭到他人不公正的批評甚至辱罵，但請不要因對方一句不公正的批評或難聽的辱罵，而變得像對方一樣失去理智。只有盡量避免和別人的衝突，我們才能建立更廣泛的社會關係，取得人際間的新突破。

　　有人說：「交十個朋友也無法彌補樹一個敵人所帶來的損害。」尤其是年輕人，在社會上還立足未穩，要做的是廣結善緣，多交朋友，才能使自己的路越走越寬。要懂得，在社會上不到萬不得已，千萬不要和別人發生衝突。讓我們先看一個古代的故事。

　　戰國時代有個名叫中山的小國。有一次，中山國君設宴款待國內名士。當時正巧羊肉羹不夠了，無法讓在場的人全都喝到，有一個沒有喝到羊肉羹的叫司馬子期的人懷恨在心，後來到楚國勸楚王攻打中山國。楚國是個強國，攻打中山國易如反掌。中山國被攻破，國君逃到國外。他逃走時發現有兩個人手拿戈跟隨他，便問：「你們來做什麼？」那兩個人回答：「從前有一個人曾因獲得您賜予的一壺食物而免於餓死，我們是他的兒子。臣的父親臨死前囑咐，中山有任何事

生活中盡量避免和別人衝突

變,我們必須竭盡全力,甚至不惜以死報效國君。」

中山國君聽後,感嘆地說:「怨不期深淺,其於傷心。吾以一杯羊肉羹而失國矣。」給予不在乎數量多少,而在於別人是否需要。施怨不在乎深淺,而在於是否傷了別人的心。中山國君因為一杯羊肉羹而亡國,卻由於一壺食物而得到兩位勇士的幫助。

這段話道出人際關係的微妙。一個人最重視的通常是他的自尊,甚至比金錢看得還重。一旦自尊心受到損害,往往不是輕易就可彌補的。有時候,我們會因為一句無意的話傷害別人,所謂「言者無心,聽者有意」,這種情況甚至可能為自己樹立一個敵人。我們應該記住中山國國君因一杯羊肉羹而失國的教訓。

古代有一句話叫「君子之交絕不出惡聲」。就是說一個有修養的人,無論持何種理由,即使中斷來往,也不會說難聽的話指責對方。為什麼這樣呢?如果說了絕交者的壞話,等於承認自己識人不清。既然雙方已經絕交,身為「陌路之人」也就罷了,何必反目成仇呢?輕易和別人發生衝突,樹敵過多,會給自己的生活和工作帶來不應有的麻煩。

世上的萬事萬物有其本來面目和自然之理。一個女人過日子,必然孤悽;一個男子度時光,必然寂寞。魚兒必定成群游蕩,大雁飛行必定成隊成行……這就是事物的道理。自然的法則就是這樣,和為貴,合則全。所以,了解和為貴、

第一章　放下仇恨，讓心靈輕盈

合則全的人，爭而不離，爭而和合，因而強者更強，吵而更親，心心相交，不打不相識，事業更繁榮。

不爭不吵，不鬥不鳴，本來不可能。嘴唇與牙齒也有互相冒犯的時候。爭而和，爭而合，事業便發達，人口便興旺，事情本來如此。所謂和氣生財，「和為貴」，商場上很忌諱結成仇敵，長期對抗。商場上很容易為了各自的利益爭執不下，甚至爭鬥不休。或者因為一筆生意受到傷害，從而耿耿於懷。但是，無論如何，都沒有反目成仇、結成死敵的必要。

有位商界老手說過：「商場上沒有永遠的敵人，只有永遠的朋友。」今天可能因為利益分配不均而爭吵，或者為爭一筆生意弄得兩敗俱傷；然而，說不定明天攜手，有可能共占市場，互相得利。所以，有經驗有涵養的老闆總是在談判時面帶微笑，永遠擺出一副坦誠的樣子，即使談判不成，還是把手伸給對方，笑著說：「但願下次合作愉快！」因為，商場上樹敵太多是經營的大忌，尤其是當仇家聯合起來對付你，或在暗中算計你時，你縱有三頭六臂，也難以應付。況且，做生意的主要精力應用於如何開拓市場，如何調動資金，如何做廣告宣傳等方面，如果老是用在對付別人的暗算與報復，難免會顧此失彼。有句老話：「生意不成人情在。」商人一般都較圓滑，這也是多年累積的經驗所得。

如果由於你的過失而傷害了別人，你得及時向人道歉，這樣可以化敵為友，徹底消除對方的敵意。說不定你們會「不打不相識」，相處得更好。既然得罪了別人，與其等待別人的報復，不如主動上前盡釋前嫌。

為了避免樹敵，還要注意與人發生衝突時不要非占上風不可。實際上，衝突中沒有勝利者。即使表面勝利了，其實你也失敗了，因為樹立了一個對你心懷怨恨的敵人。因此，在和別人交往時一定要克制自己，即便與人發生衝突，也盡量不要採取爭吵的方式。

爭吵除了會使人結怨樹敵，在公眾面前破壞自己的形象外，沒有任何益處。因為在這種情況下，相互爭吵辱罵，既不會帶給任何一方快樂，也不會帶給任何一方勝利，只會帶來更大的煩惱，更大的怨恨，更大的傷害。退一步講，在對罵中沒有占上風的一方，當眾出醜，帶來的只是對自己魯莽行為的悔恨。占了上風的一方，雖然把對方罵得體無完膚，又能怎麼樣？只會加深對立情緒，加深對方的怨恨，在旁觀者的眼裡也不過是一隻好鬥的公雞罷了。

第一章　放下仇恨，讓心靈輕盈

奮發圖強勝於睚眥必報

在人生路上，我們需要的是奮發圖強的志氣，而不是睚眥必報的怨氣。佛家說，放下就是快樂。與其牢騷滿腹，不如放下怨氣，化抱怨為抱負，強大自己的內心，用超然豁達的心態去面對一切。這樣做，你的人生將是另一番景象。

我們知道復仇的行為和心理是基於生物進化，也就是說，弱小者的自保方式之一就是強烈的報復心理，而那些自我感覺強大、有強大認知的人基本上不屑於進行報復，或者說一個內心強大的人，他的內心是安定平靜的，有清晰的人生目標，知道自己需要什麼、不需要什麼，具有一顆不計較、不被瑣事煩擾的心，外在表現則是寬容與謙讓。而非理性的報復是一個人無知和恐懼的表現。

心中懷有仇恨的人，根源一定是受了什麼傷害而產生的怨氣，但是為什麼受傷害的是你，而不是對方呢？有一種解釋是因為你是弱者，如同羊總是被狼吃，是因為羊是弱者而狼是強者一樣。羊不能說，為什麼被吃的總是我？羊也不能因此恨狼。因為你恨也沒有用，恨只會使你自己更痛苦，而

狼照樣繼續吃羊。

如果把仇恨比喻成一把刀的話，對著自己的一定是刀刃，結果是恨得越深，自己傷得越深，而對方卻依然毫髮無損。所以，既然你是弱者，你受傷害，在你受了傷害之後，你要做的不是仇恨與報復，而是放下這些，更快地讓自己變的強大起來。只有使你自己也變為強者，造物主才會偏愛於你，讓你明白還有比報復更好的辦法。因此，使自己變得更加強大是另一種復仇方式，也是最好的一種方式。

想要從弱者變成強者，就要奮發圖強。如果你只會怨天尤人，將精力全部放到報復上，那就是你最大的錯誤。如果你不能從這個錯誤中走出來，將自己變成強者，仇恨只會使你更痛苦，讓你覺得無路可走。

古希臘神話裡有一則「仇恨袋」的故事，說的是一個威風凜凜的大力士名叫海克力斯，從來都是所向披靡、無人能敵，因此，他總是躊躇滿志、春風得意，唯一的遺憾就是找不到對手。

有一天，海克力斯行走在一條狹窄的山路上。突然，一個趔趄，他險些被絆倒。他定睛一看，原來腳下躺著一個袋囊。他猛踢一腳，那個袋囊非但紋絲不動，反而氣鼓鼓地膨脹起來。海克力斯惱怒了，揮起拳頭又朝它狠狠地一擊，但它依然如故，並迅速地膨脹起來；海克力斯暴跳如雷，撿起一根木棒朝它砸個不停，但袋囊卻越脹越大，最後將整個山

第一章　放下仇恨，讓心靈輕盈

道都堵得嚴嚴實實。

氣急敗壞卻又無可奈何之下，海克力斯累得躺在地上，氣喘吁吁。

一位智者走來，見此情景，困惑不解。海克力斯懊喪地說：「這個東西真可惡，存心跟我過不去，把我的路都給堵死了。」

智者淡淡一笑，平靜地說：「朋友，它叫『仇恨袋』。當初，如果你不理會它，或者乾脆繞開它，它就不會跟你過不去，也不至於把你的路給堵死了。」

大力士海克力斯表面上是一個所向披靡、無人能敵的人，可內心卻是虛弱無力，因心胸狹隘與路上的仇恨袋過不去，最後落得個無路可走的結局。可見，對一個強者來說，最大的敵人是自己，謙虛謹慎寬容博大才應該是強者具備的特質，如果肩上扛著「仇恨袋」，心中裝著「仇恨袋」，生活只會是如負重登山，舉步維艱了，最後只會堵死自己前進的道路。

所謂「和大怨，必有餘怨」。說的是結怨了就難以消除怨恨，最好的不結怨的方法是不要結怨。如果在了結怨恨的時候沒有好的策略和思維，就必定留下新的怨恨。超脫一點，擺脫弱者的復仇心理，擺正我們的心態，以強者的思維來處理事情，我們就不會有仇恨心理。那些內心不夠寬容的睚眥必報者，就像大力士海克力斯一樣，把自己寶貴的生命耗費

仇恨上，不能不說是一種悲哀。

　　永遠不要讓羞辱的冷水激怒了自己，而是要把它看成是一種心靈的洗禮，因為經由這盆冷水的沖刷，你的夢想將會更明朗，信念將會更加篤定。忘記你所受到的不公，忘記對他人的怨憤，最終最大的受益者只會是你自己。當你忘記了怨憤，學會了遺忘和原諒，你就會發現，原來你所認為的那些所謂的不公，那些讓你深夜難眠、輾轉反側的理由，其實根本不值一提，因為它們在你的一生之中是那麼的微不足道。而你也同時會意識到，拋開對他人的怨憤之心，在自己的人生花園裡辛勤勞動、奮發圖強，你所獲得的快樂是這一生都享受不盡的。

第一章　放下仇恨，讓心靈輕盈

絕對不要拿起報復的屠刀

彌爾頓說：「復仇一開始總是飴如甘泉，但無需多久便會泛出苦味來。」仇恨會因為復仇而從此終結嗎？不會。佛語有云：「冤冤相報何時了。」事實證明，最神聖的復仇是寬容。用寬容的胸襟換取他人真誠的懺悔，這就不僅僅是一種境界，更是一種睿智的處世哲學。

「放下屠刀，立地成佛」出自《法華經》，裡面記載了佛祖為五百羅漢授記成佛的事情。佛祖為五百羅漢授記成佛，也為惡名昭彰的提婆達多授成佛的記別，就是說提婆達多和五百羅漢一樣，未來也是佛。那麼就有人問了：一個作惡多端的人，怎麼能和行善積德的人一樣成佛呢？答案在《大智度論》卷九裡，佛曾因過去世惡業的牽引而遭受九種罪報，這九種罪報的第三個罪報就是提婆達多的：提婆達多推山石壓傷佛足趾。可見，即使是佛，也不能免於罪報的因果律。

我們的人生由不同的選擇構成，如果你可以放下心中報復的屠刀，寬恕那些曾經傷害過你的人與事，那麼你的心靈將得到昇華。當一個人選擇了仇恨，那麼他將在黑暗與痛苦

的煎熬中度過餘生；當一個人選擇寬容與寬恕，那麼他已經能夠將陽光灑進心靈，「種下一個善因，就得到一個善果。」這完全取決於你內心的那個選擇！

寬容別人並不困難，也不容易做到。關鍵的一點是，心是如何的選擇。報復的屠刀刃往往是對著自己的，它傷害的首先是自己。任何一個人在報復他人的同時，也將在自己的心裡留下汙點與陰影，那是良心和善的本能提出的警告。如果我們不能以寬容之心對待自己的仇家，時時刻刻想著要報復，甚至為了復仇而不惜代價去借助別人的力量，用幾倍的傷害伎倆重創他們，最後的結果往往是兩敗俱傷，那該是多麼不划算啊！只有放下仇恨，人生才能得到快樂。

小沙彌去山下挑水，回來的路上被蛇咬傷。

回寺院處理好傷口之後，小沙彌找到一根長長的竹竿，準備去打蛇。慧清法師見狀，過來詢問。小沙彌把事情對慧清法師講了，法師問事發地點在哪裡，小沙彌說在寺院北坡的草地。

慧清法師又問道：「你的傷口還痛嗎？」小沙彌說不痛了。

「既然不痛了，為什麼還要去打蛇？」

「因為我恨牠！」

「牠咬了你，你就恨牠，那你踩了牠，牠也恨你，也該咬你。你們雙方因恨結怨，可你是人，你該早些放下心頭的仇恨。」

第一章　放下仇恨，讓心靈輕盈

小沙彌一臉的不服：「可我不是聖人，做不到心中無恨。」

慧清法師微微笑道：「聖人不是沒有仇恨，而是善於化解仇恨。」

小沙彌搶白說：「難道說我把被蛇咬當作被松果打中腦袋，或者半路被雨淋一樣，我就成了聖人？如此說來，做聖人也太容易了吧！」

慧清法師搖搖頭：「聖人不僅只是懂得化解自己的仇恨，更善於化解敵人的仇恨。」

小沙彌怔住了，呆呆地望著慧清法師。

慧清法師說：「世人對待仇恨有三種做法。第一種是記仇，等於在心裡放了一把刀，自己總是生活在恨意帶來的痛苦中；第二種是盡快忘掉仇恨，還自己平和與快樂，等於把土塊弄碎，在上面種了花；第三種是主動與仇人和解，解開對方的心結，等於是摘下花朵贈給對方。能做到第三種，就與聖人的境界差不遠了。」

小沙彌點頭稱善。

不久，北坡草地上出現了一條高於地面的窄窄的石板路，那是小沙彌修建的，之後這裡再也沒有發生過蛇傷人的事情。

我們大多數都是慧清法師說的第一種人，心中有一把仇恨之刀，那把仇恨之刀先傷的是自己，生活在仇恨裡哪來的

快樂可言。一個心中有仇恨的人，其實是在仇恨自己，只有放下仇恨，才能活得快樂。想一想仇恨的根源，其實仇恨是別人對我們做了錯事，傷害了我們，但如果我們充滿仇恨，就是拿別人的錯誤來懲罰自己，來折磨自己。舉起仇恨屠刀的往往都是心胸狹隘的人，仇恨壓得他們呼吸困難，而當一個人能寬恕別人的時候，壓力才能得到緩解，才能恢復心理平衡。

我們不求做一個聖人，但我們應該讓自己生活的快樂，而任何潛留在我們內心裡的侮辱和永難平復的創傷，都會損壞我們生活中的許多美好的事物。周而復始，我們終日被報復充斥，成了報復的囚徒。這使得我們蒼白了信仰，空虛了精神，丟掉了理想，犧牲了美德，得到的只是傷害。化解心中的怨恨，給自己一個好心情，你的生活才能充滿陽光。

對於手持復仇利刃的人來說，「退一步海闊天空，進一步萬丈深淵」，而最好是不要拿起報復的屠刀，忘了仇恨，快樂生活。

第一章　放下仇恨，讓心靈輕盈

提防小人，才能避免受到傷害

小人的行為真是讓人莫名其妙，其心眼極小，為一點小榮辱都會不惜一切，做出損人利己的事來。所以防小人是我們必須學會的本領，即使我們不屑於與小人為伍，我們也不得不防，以減少不必要的麻煩。

小人不可得罪，首先在於小人會對其現實中或猜想中的敵人毫無顧忌地惡意攻擊，而我們對於小人的惡意攻擊往往防不勝防，就如同站在舞臺中心的演員無法防備四周黑暗中觀眾的嘲諷和噓聲一樣。俗話說：「明槍易躲，暗箭難防」。小人對別人的惡意攻擊通常都是「暗箭」這一範疇的，他低劣的特質和偽裝的本能決定了他就連報復別人都不可能光明正大。光明正大有違小人的本性，這樣的做事方式會使他產生類似於蝙蝠撞見白晝一樣的不舒服、不適應的感覺，雖然白晝和光明被大多數物種所喜愛與歌頌。而且，小人的惡意攻擊不但來得陰暗，而且不達目的絕不罷休，一次不成，小人很快就會醞釀出第二次、第三次，來得一定比第一次更陰險、更凶猛，你縱有三頭六臂也恐怕抵擋不了這層出不窮的折騰，就算一時正氣壓倒了邪氣，你還是很快會發現你逃得

了初一逃不了十五,最後不得不悲嘆小人實在難防。

君子就是那些為人坦蕩、不屑於勾心鬥角緊盯蠅頭小利之人。而小人恰恰相反,他們是算計人的專家,小人是惹不起的,但是我們可選擇躲得起。

小人的眼睛牢牢地盯著周圍的大小利益,隨時準備占點便宜,為此甚至不惜一切代價準備用各種手段來算計別人,真是讓人防不勝防。因此對付小人沒有一套辦法是不行的。

唐朝天寶年間,暴發安史之亂。郭子儀率兵平安天下,又立了大功,但他並不居功自傲,為防小人嫉妒,他格外小心。一次,朝中有一個地位比自己低的官吏要來拜訪郭子儀。郭子儀事先做了周密安排,因家中侍女成群,他讓所有的侍女到時候都避開,不要露面。郭子儀的夫人對此舉感到不理解。問丈夫為什麼這麼做?郭子儀告訴夫人說,這個官吏是個十足的小人,身高不足五尺,相貌奇醜,很忌諱別人說他醜。郭子儀擔心家人見了這個人會發笑,因而讓所有家人都躲起來。郭子儀對這個官吏太了解了,在與他打交道時做到小心謹慎。後來,這個小人當了宰相,極盡報復之能事,把所有以前得罪過他的人通通陷害掉,唯獨對郭子儀比較尊重,沒有動他一根毫髮。這件事充分反映了郭子儀對待小人的辦法既周密又老練。

小人之刁鑽,幾乎無孔不入。有些小人竟也勇敢得很,不惜犧牲自己的生命、親人的生命,或「第二生命」,因而與你周旋到底,正所謂捨命陪君子。這時候,就算你有理,

也最好避一避此等不要命的小人。小人固然厲害,但我們並不怕他,避開小人是因為我們不值得把太多的精力浪費在一些沒有價值的爭鬥上。一旦掌握不好自己的行為界限,得罪小人,他就會想方設法來害你,破壞你的正事,分散你的精力,使你不能安心於工作、學習和生活。

小人不遺餘力地陷害別人,就是避免別人勝過自己,謀求心理上的平衡。掌握了小人的這種心理需求,我們不妨投其所好,讓小人的心裡舒服一些,他們就會把眼光從我們身上收回,轉向別處了。

小人同事可能會挑撥離間,爭功諉過,欺軟怕硬,以致讓你難以得到安寧,出現種種衝突與痛苦。但是,面對這樣的同事,你不得不與他們相處。如此擺脫他們的影響,給自己創造良好的工作環境,也是有規可循的,對待小人同事就需要有「魔高一尺,道高一丈」的招數。

在同事之中,有些人為了名利,會犧牲其他人的利益,他們不是靠自己的本事,而是靠手段。與小人同事交往,要認清他的真面目,防止受騙上當,防止成為他人升遷的階梯,也要防止挑撥離間你與其他同事的關係。

對幾種同事要注意:心口不一的同事,這些人往往當面一套,背後一套;隨聲附和的同事,這些人往往沒有自己的主見,屬於隨風倒;愛傳閒話的人,流言往往是從這些人嘴

裡傳出來的；假裝無能的人，他們遵循「做得多，錯的多」理論，有功勞時還想分一杯羹；忘恩負義的人，這些人在有甜頭的時候鉤住你，一旦沒有了油水，就會毫不猶豫地離開你，還會給你一腳；得理不饒人的同事，是凡事都不吃虧的人，尋求他的幫助是很困難的。與這些人接觸，不要交往太深，更不要把他們當作自己的知己，在你向他們傾訴的時候，也許你已經將你自己送入了深淵。

首先，該斷交時要斷交。

從做事手段和為人處事來講，小人所走的路子更偏向於狡猾、奸詐、欺瞞、恐嚇等。他們會想方設法地達到自己目的，無論這種方法是否得人心。

有些小人，為了滿足自己的私欲，又要保護自己，只好嫁「禍」予人。對於這樣的人，容忍只會給自己造成更大的傷害。抓住把柄，迎頭一擊，採剛強硬的立場，就會使小人退縮。一旦發現這一手失靈，要馬上採取行動，不要給他回擊的機會，及時向有關人員或明或暗地透露情況，使他難以立足。

對待小人同事，不能一味地退縮，不要因為一時的交情而不忍心當即翻臉，特別是你的把柄被人緊握在手中的時候，有時會不得不就範。此時，要考慮清楚，當斷則斷。古人云：「當斷不斷，反受其亂。」一旦意識到同事是個小

第一章　放下仇恨，讓心靈輕盈

人，就要及時採取行動。對於那些善於糾纏的小人，特別是利用你的某些弱點或者過失要挾你的小人，不要顧忌眼前的小利。如果不斷絕的話，或許大利也保不住了。決斷時可以直接表明自己的立場，「不想再交往下去了」。也可以冷淡處理，採用冷漠置之的方法，不理不睬，使其無趣而去。對於想要要挾自己的人，完全可以告訴他，彼此都有「小辮子」在手，最終會鬧得兩敗俱傷。在決斷時不要講什麼理由，以免讓小人抓住把柄，質問於你，反而不好交代，最終又拖拖拉拉，欲理還亂。

其次，不妨以硬碰硬。

在同事之中，有一小部分人，與你有利益衝突，喜歡揭別人的短，來獲得自己的快感，達到壓制別人，抬高自己的目的。對待這樣的人，開始可以採用迴避的方法，但如果沒有效果，只好硬碰硬，讓他明白自己也不是好惹的，藉以改善自己的生存環境。退避三舍是被人恥笑的，尤其是在公開場合。

對於不懷好意的打小報告者，一旦讓他得逞，就直接影響到自己在上司面前的形象，因此，對於打小報告者要及時理直氣壯地予以揭露，不留後患；使其在上司面前失去信任，避免為自己製造麻煩。

揭露打小報告者，要拿出真憑實據，不要僅僅憑著語言

去辯解，否則會越辯越黑；在沒有實據的情況下，要適當忍讓，避免給人留下「如果沒有問題，為什麼要辯解」的口實。

最後，要給他點顏色。

小人往往是最討厭的，他總是不停地在你的周圍撒下衝突的種子，或向上司，或向同事散布你的謠言。在辦公室中應對小人既要考慮到以後還要繼續相處，不能太過分，又要達到警告的效果。

小人在辦公室中的人際關係一般情況下都不會太好，同樣是同事，物以類聚，既然與你的關係不好，與其他人的關係也不會很好。小人一般與上級的關係比較好，但上級一般不會插手同事之間的事。

在實施這種策略時，首先要分析辦公室中的人際關係，防止受到暗算，雖然同事偏向於你，但真正關鍵時出手的並不多。還要注意時間和地點以及影響範圍，使用這種方法最好不要影響工作，影響工作後一定有主管出面，無論怎樣都不是什麼好事。在迫不得已情況下的反抗，應該向上司解釋清楚，由主管出面進行調解，避免小人背後告狀，怪罪到自己的頭上。

第一章　放下仇恨，讓心靈輕盈

以君子之心度小人之腹

被人誤解的確是件令人痛苦的事情，若要將這種痛苦最大限度地減輕，或者乾脆沒有感覺，就非得提倡「以君子之心度小人之腹」不可。

「以小人之心度君子之腹」，我們常常聽到別人這樣憤怒吵鬧，為自己辯解，以證明自己是如何如何的大度和無辜。殊不知說者在說這話的同時又犯了同樣的錯誤。果真是「君子坦蕩蕩」的話，又何必在乎別人怎麼說呢？

山上寺院裡，一位年輕的法師下山去辦事，路過山下的小河邊，看見河邊大樹下一草叢裡，有一把倒放的紅雨傘，傘裡有一個包裹在蠕動。法師一看，原來是一個出生不久的嬰兒，黑黑的眼睛，紅紅的臉。出於惻隱惜弱之心，他走過去拿開壓在孩子包被上的小礫石，下面一張紙條寫著小孩的生辰八字。法師看了紙條，知道這可憐的孩子出生才十個月，卻不知為什麼被父母遺棄？法師慈悲憐憫之心使他顧不得多想，他小心翼翼地抱起嬰兒，也不下山去辦事了，直接到寺院向老住持報告了這件事。老住持招大眾商量，在沒有辦法的情況下，同意把孩子暫時寄養在寺院。就這樣用米湯

與奶粉餵養了嬰兒三天。

這天,從山下上來三個女施主,一位是因她女兒出走一年多一直沒有消息的母親,為女兒的突然回來祈福,求佛幫她女兒消災免難的。第二位是代她白髮老母為弟弟在外做生意發了財來謝菩薩的。只有第三位是虔心來拜佛的。這三個人進了寺院,先去燃香,上供品,而後坐定休息,以消除剛才上山時的疲勞。

剛一坐下,突然聽到一陣嬰兒哭聲,三個人便悄悄議論起來。在寺院從未聞過嬰聲,第一個施主便說:「大概是哪個小和尚的私生子吧?」另一個說:「要麼是老和尚為了延年益壽請來的奶媽住在這裡供奶,把孩子也帶來了。」只有第三個施主說:「罪過!罪過!千萬不能亂講師父的壞話。阿彌陀佛!你們要遭報應的,這一定是法師們從哪裡為救苦救難搭救出的嬰兒吧。」正在輕輕議論間,山門外大道上又進來一男一女兩個年輕人,他們一到大殿,倒頭就拜,先拜佛,然後轉身上前給師父們磕頭頂禮,硬要塞一個紅包,師父們不要,他們說全靠師父們照顧了他們特意放在河邊的孩子,大家都被這兩個人搞糊塗了。

這時,那三位女施主起身抬起頭,她們的視線與這對男女的視線碰在了一起,大家頓時都驚呆了,站在那裡半天說不出話來。原來,剛進來的女子就是第一位女施主的女兒,因母親不同意她的婚事,一氣之下,與在外做生意的戀人私奔,離家出走,三天前才回來。而那男子即是女子的丈夫,又是第二位女施主的弟弟,在外做生意幾年,發了財後與女

第一章　放下仇恨，讓心靈輕盈

子結了婚，生了孩子，怕雙方父母不同意，就把孩子暫放在河邊，看著師父抱走才離開。前兩位施主這時恨不得找個地洞鑽下去，真是又悔又恨又高興。高興的是家裡添丁加人，悔恨的是自己以小人之心度君子之腹，為自己剛才誹謗寺院的法師而羞愧，在佛前不停地懺悔著。只有第三位施主仍在心中平靜地念佛。

被人誤解的確是件令人痛苦的事情，若要將這種痛苦最大限度地減輕，或者乾脆沒有感覺，就非得提倡「以君子之心度小人之腹」不可。如果是第三者轉告你的，你不妨當作是他弄錯了意思，別人根本就不可能這麼講。如果是你當面聽到的，這倒似乎真有點難了，其實這也難不倒你，你大可當他是表達錯了意思，或者是一時失去理性看不清事實。

這樣做最少有兩個好處。一則可免去自己的苦痛，集中精力做該做的事；二則也可以減輕他人的不安，有利於消除誤會。人生就那麼短短幾十年，該做且值得做的事有好多好多，我們不可能不食人間煙火、遠離「煩」塵，但當我們面對俗事的時候大可以灑脫一些，飄逸一些，輕描淡寫一些。哲人們警告我們「世態炎涼，人心險惡」的同時，不也勸告我們要「寬以待人，嚴以律己」嗎？何況這世界產生誤會的機率遠遠大於險惡的用心。

總而言之，不管遇到什麼樣的誤會，都要保持平常心。平常心的最高境界，可以概括為三句話：一是遇到好事不失

態,做到得意淡然;二是遇到挫折不沮喪,做到失意泰然;三是遇到委屈不動怒,做到以德報怨。美國西點軍校的招生廣告上有句話:「西點軍校的別名 —— 委屈學校」。這所著名軍校開設的基礎課中,專設有一門「委屈學概論」。在西點軍人看來,能夠經受得住失敗、委屈是邁向成功的第一步。

人們常說要任勞任怨。其實,任勞容易任怨難;忍辱負重、以德報怨就更不是一件簡單的事情。在遇到委屈、被人誤解的情況下,最好的辦法還是讓事實說話,讓時間說話。相信經過時間的長期檢驗,誤解過他人的人終將被其高尚的人格魅力和事實所感化。事實上,人海茫茫,大家能夠走到一起工作,是一種緣分。因而,要學會關愛他人。這裡關鍵是做到「三多」、「三不」:多記他人的好處,多看他人的長處,多想他人的難處;不自私,不猜疑,不嫉妒。這樣才能戒相輕為相敬,化誤解為諒解,變挑剔為寬容。這種境界才是「以君子之心度小人之腹」。

「以君子之心度小人之腹」與「以小人之心度君子之腹」相比,看似只是語序上的顛倒,但卻是完全不同的兩個境界!

第一章　放下仇恨，讓心靈輕盈

不要讓仇恨的種子在你心裡發芽

　　人生就像是一塊肥沃的土地，它既種植希望和成功，也會播種仇恨。但請你切記，不要讓仇恨的種子在你心裡發芽。仇恨的種子一旦萌芽，就會像洪水猛獸一般具有非常可怕的破壞力，不斷侵蝕著我們的生命。

　　種豆得豆，種瓜得瓜，種什麼因得什麼果。如果種下的是仇恨，怎麼可能收穫快樂。等到你心中的仇恨瘋長成一棵猙獰的大樹時，你的命運必定也是猙獰的。

　　仇恨會使人喪失理性思維，而情緒化的仇恨行動會嚴重破壞人與人之間的和諧關係，仇恨是最黑暗邪惡的一種情感，它的後果是危害社會，使人被傷害，同時自己也被傷害。仇恨吞噬生命、肉體和精神的健康。

　　我們每個人不能避免仇恨的產生。在人與人打交道時，難免與別人產生摩擦誤會，甚至仇恨。在許多情況下，人們誤以為「仇人」的，又未必就是真的是什麼「仇人」。退一步說，即使是仇人，如果對方心存歉意，誠惶誠恐，你不念舊惡，以禮相待，給對方多一些寬容，也會使為「仇者」感念

不要讓仇恨的種子在你心裡發芽

其誠,改「仇」為善,那樣你就會少一份障礙,多一份成功的機會。

忘記仇恨,不要讓仇恨的種子在你心裡發芽,才能心理平衡、解放自己。你寬恕了,你的怨恨、責怪、憤怒就沒有了。寬恕是消除怨恨、責怪、憤怒的良藥。念念不忘別人的壞處,實際上最受其害的就是自己的心靈,弄得自己痛苦不堪,輕則自我折磨,重則導致瘋狂的報復,瘋狂的結果是自我毀滅。

忘記仇恨,銘記恩情,才能提高自己,開闊自己,才能讓自己得到幸福與快樂。

阿拉伯著名作家阿里,有一次與吉伯、馬沙兩位朋友一同出外旅行。三個人行經一處山舍時,馬沙失足滑落,眼看就要喪命,機靈的吉伯拚上命拉住了他的衣襟,將他救起。為了永遠記住這一恩德,動情的馬沙在附近的大石頭上用力鐫刻下這樣一行字:「某年某月某日,吉伯救了馬沙一命。」

於是三人繼續前進,不幾日來到一處河邊。可能因為長途行的疲勞使吉伯跟馬沙為了一件小事吵起來了,吉伯一氣之下打了馬沙一耳光,馬沙被打得火星直冒。然而他沒有還手,卻一口氣跑到了沙灘上,仍然用很大力氣在沙灘上寫下一行字:「某年某月某日,吉伯打了馬沙一記耳光。」

這以後,旅行很快結束了。回到家鄉,阿里懷著好奇心問馬沙:「你為什麼要把吉伯救你的事刻在石頭上,而把打你

第一章　放下仇恨，讓心靈輕盈

耳光的事寫在沙灘上？」

馬沙平靜地回答：「我將永遠感激並永遠記住吉伯救過我的命，至於他打我的事，我想讓它隨著沙子的風散而去，忘記得一乾二淨。」

仇恨是人的本能，而遺忘是人的天性。一生中，我們結交許多人，經歷許多事情，對於智者來說，他們遺忘的是別人的不足和過錯，記住的卻是別人的好處，他們懂得善待別人，不會抓著對方的錯誤不放，而是用自己的方式走出沒有結果的故事，就像故事裡的馬沙一樣，將不值得記住的事情通通交給沙灘，讓海水捲走那些不快。

寬恕、原諒和遺忘都是一種很複雜的心理成長，它們涉及我們內心深處的憐憫、博愛及智慧。沒有寬恕，就沒有真正的愛，也沒有轉機，沒有滋長，沒有真正的自由。當我們內心充滿了仇恨與怨氣時，我們的心必被牢牢地捆綁住，我們以為只有「以血還血，以牙還牙」、「以其人之道還治其人之身」才算公平，我們以為我們報復必將大快人心，但事實果真是如此嗎？

善於忘記仇恨，是成就事業者的一個特徵。如果沒有忘卻，人不會快樂，只會淹沒在對過去的懊悔、痛苦和對未來的恐懼、憂慮與煩惱之中；如果沒有忘卻，人們可能會因為人與人之間的小摩擦而終生沒有朋友。

不要讓仇恨的種子在你心裡發芽

《聖經》上說：心中安寧是肉體的生命，仇恨是骨中的腐爛。不要讓仇恨在你心中發芽，不要讓你的生命因仇恨而腐爛。

第一章　放下仇恨，讓心靈輕盈

第二章
學會忘記痛苦，
懂得珍惜幸福

經歷過痛苦與磨難之後，我們沒有必要永遠背上精神的包袱過一輩子。對於一個要享受快樂人生的人來說，忘記過去或乾脆說背叛過去的一些痛苦事實，是享受快樂人生的一項權利，也是一種極其明智的做法。學會遺忘，讓痛苦的經歷隨風飄逝，讓腦海裡一片清靜，這樣才能獲得心靈上的重生，才能更加堅強、勇敢地面對現實，迎接未來。

第二章　學會忘記痛苦，懂得珍惜幸福

保持從容的心靈優勢

路有升沉進退，人有悲歡離合。從容是一種對人生的透澈把握，不管是誰，只要能以平和心態面對一切，閒看天邊雲捲雲舒，笑看庭前花開花落，必能擺脫是是非非、紛紛擾擾。也只有這樣，才能善待自己，善待生活，善待人生。

明代養身學家呂坤在《呻吟語》中曾提出這麼一個觀點：「天地萬物之理，皆始於從容，而卒於急促。」並認為「事從容則有餘味，人從容則有餘年」。從容之重，令人明鏡在心。從容，即舒緩、平和、樸素、泰然、大度、恬淡之總和。可以說，它是世間一種難得的境界和氣度。

在第二次世界大戰期間，一位叫吉姆的美國年輕人曾在歐洲戰場服役。在後來出版的一本書裡，吉姆這樣寫道：

「在 1945 年春天時，我整天處在憂鬱之中，以致得了醫生們稱之為腸躁症的疾病，它帶給了我難以忍受的劇痛，那時我整個人幾乎都處於虛脫狀態。如果不是戰爭及時結束的話，我大概要見上帝了。

當時我在步兵的死亡登記處做事，我的工作是記錄作戰死亡、失蹤，還有受傷的士兵的姓名，有時也負責掩埋那些

被丟棄在戰場上的士兵屍體。我還得收集這些士兵的遺物，送還給他們的親屬。在做這些工作時，我老是擔心會出差錯，我更擔心自己會撐不過去而再也沒有機會擁抱我唯一的兒子，他那時已經16個月大了，而我還不知道他長得什麼模樣。那時我心力交瘁，體重連續下降了10多公斤，每天精神總是恍恍惚惚的，我端詳自己的手，它們已經瘦得只剩下皮包骨了。我一想到可能沒有辦法活著回家，我就會像個孩子一樣，驚恐地哭出來。最後，我只得住進了陸軍的診療所。但在那裡，一位軍醫對我說的一句話竟改變了我的一生。

那天在替我做過全身檢查以後，軍醫告訴我，我的身體沒有病，病是出在心理。他說，你要把人生想成一個沙漏，上面雖然盛滿了成千上萬的沙粒，可是它們只能一粒一粒緩慢地通過細細的瓶頸，你我都沒有辦法讓一粒以上的沙子通過瓶頸。我們每個人都是沙漏，每天早上我們都有一大堆的事情要做，如果我們不是一件一件地處理，像一粒一粒的沙子通過沙漏瓶頸的話，我們就可能對自己的心理或生理造成傷害。

自從聽了那位軍醫的一席話以後，我一直生活在這樣的理念中，這就是『一次一粒沙，一次一件事。』在作戰的時候，這句話真的拯救了我的身心。一直到今天，它對我還非常有幫助。我發現工作和作戰有許多地方很相似，比如，工作繁重時，時間不夠用，存貨不多了，還有新的表格要填，要安排新的訂貨等。為避免緊張，我常常牢記那位軍醫的話──『你是一個沙漏，一次一粒沙。』每當我一遍又一遍

第二章　學會忘記痛苦，懂得珍惜幸福

地重複唸這句話，我就能提高效率，把工作做完，而不至於像作戰時那樣悽慘。」

據心理學家研究，發現目前醫院裡有一半以上的病人的身體本沒有什麼疾病，而是因為心理問題引起的不適。他們被昨日的負擔和對明日的恐懼壓得透不過氣來。其實大部分的人本可以度過一個快樂而有意義的人生，根本不必住院。

記住，我們中的每個人永遠站在過去和未來的交會點上，誰都不可能活在過去或未來任何一種永恆中，如果勉強要這樣或那樣，那只會摧殘自己的身心。讓我們善用自己所能夠掌握的時間。如果只活一天，不論多重的負擔，人都能夠背負；如果只活一天，無論多難的工作，人都能夠努力完成；如果只活一天，任何人都能活得很快樂、有耐心、仁慈和純潔——從容面對每一天，這就是幸福。

尤其是在現代社會，當人們的生活節奏變得越來越快，當人們的心靈變得越來越浮躁的時候，從容更是難能可貴。而一個從容的人，他為人做事不急不慢、不躁不亂、不慌不忙、井然有序；面對外界環境的各種變化不慍不怒、不驚不懼、不暴不棄；雖遭挫折而不沮喪，雖成功而不狂喜，雖忙碌而不煩躁。

權敏是一位成功的職場人士。如今，她的許多老同學都還在為自己的飯碗苦苦掙扎、自身難保時，她已經是公司一

名薪水頗高的上班族了,而且事業、金錢、家庭一樣不少。然而,在讓朋友們羨慕的是,在這些追求的過程中,她並沒有像朋友們一樣犧牲自己的健康和情緒去孜孜以求,而是從容淡定、輕輕鬆鬆就擁有了這一切。

朋友們甚是不解,問及其中奧妙。權敏淡淡地說:「其實我並沒有什麼奧祕,說起來非常簡單,換來這份從容也就是半小時的事情。」

權敏娓娓道來,她說剛進入職場的時候,她也和許多人一樣,總感覺手頭有做不完的事情,並因此放棄了很多自己喜歡的業餘愛好,甚至很少和家人朋友團聚。結果是到最後人疲乏到了極點,幾乎還是一無所獲。

看到權敏天天把自己弄得疲憊不堪,有著多年工作經驗的父親對她說:「從明天開始,你能不能每天早出門半個小時。」權敏不解地看了父親一眼,她並不能完全理解父親的話,但無奈之下,她決定從第二天開始試一下。

第二天,她開始比正常時間早半個小時出門。當她走到公共汽車站時,發現等車的人不多;上到車上,又發現有許多空位,比平時愜意多了。而且,由於還沒到上班高峰期,路上的交通也沒出現堵塞,很快就到了公司。離上班還有一段時間,同事們都還沒來,她一面悠閒地聽著音樂,一面整理了一下辦公桌,並準備一下當天要做的工作。

之後,當同事們匆匆忙忙地打卡、手忙腳亂地開抽屜時,她已經泡好了一杯熱茶,準備好了工作所需要的資料。

第二章　學會忘記痛苦，懂得珍惜幸福

自然，接下來的工作是井然有序的，而且工作效率極高，還不到下班的時間，她就完成了全部的工作。於是，她也有了充足的時間去享受一下豐富的午餐。

下午下班的時候，她已經做完了一天所有的工作，而且還有時間查看有沒有遺漏的或做得不好的地方。而此時的同事，有些人還在手忙腳亂地忙碌，有些人疲憊不堪地打著哈欠，只有她神情氣爽，淡定悠然。

從容，不僅能夠反映一個人的氣度、修養、性格和行為方式，而且是一種符合人的生理、心理需要的有節律的、和諧、健康、文明的精神狀態和生活方式。在現代忙碌的生活中，從容是對生活節奏的掌握，是緊張時加一把勁，休閒時踏歌而行。從容是一種坦然，是把磨難當作機遇的大度。從容是「泰山崩於前而面不改色」的鎮定，是失敗面前的從頭再來，是對理想和信念的執著追求。

當然，從容不是安於現狀，不問世事；不是得過且過，消極頹廢；更不是今朝有酒今朝醉的揮霍。從容是一種平和的心態，是一種心靈的優勢！從容，是一種理性，一種堅忍，一種氣度，一種風範。只有從容，才能臨危不亂；只有從容，才能舉止若定；只有從容，才能化險為夷；只有從容，才能寵辱不驚……

匆忙的生活中我們需要一種從容的心態，是一種不以物

喜，不以己悲，遇事不慌，聞過不怒，坦然的生活姿態。人的一生，要面對很多事情，比如事業、情感，比如挫折、成功。只有做到從容面對，不驚不懼、不暴不棄，才能不躁不亂、從容不迫地應對好這些事情，才能保持心態平衡，處理好面臨的各種境遇。

第二章　學會忘記痛苦，懂得珍惜幸福

合理調節，縮短痛苦的過程

事實表明，能把自己的悲痛宣洩出來，人們痛苦的過程就會縮短。但是，對於痛苦的歷程，每個人都只能夠以自己的方式去度過。

遭遇不幸是每個人一生中必然的經歷。在生活中，每個人都會遇到各種不幸。少年喪母，中年喪偶，老年喪子。生活中，有不少人失去了自己最寶貴的東西。然而，不幸並不可怕。可怕的是，很少有人知道怎樣來度過這些不幸的歲月。

對於悲痛，很少有人能夠有一個正確的認知和了解。有一次，一位朋友告訴我，他的叔叔因為離婚，終日焦慮不安，傷心流淚。我問他這是什麼時候的事情，他說在四個月之前。這個朋友不知道人們戰勝痛苦需要一定的時間。時間的長短是由當事人受損害的程度而定的。親人長期臥床不起或者夫妻關係漸漸惡化，由於這種狀態已經持續了一定的時間，人們往往能預料到死亡或離婚的不幸遲早會發生，因而，當不幸真正發生後，只需要幾個星期或幾個月就會醫好

心靈上的創傷。

但是如果是自己的親人突然死亡,不可預料的悲劇突然降臨,例如突然生重病需做大手術,或遇到車禍等等,那麼,悲痛將會持續較長的時間。如果人們仍然對遇到不幸的親人一直抱著「恢復健康」的希望,那麼當希望破滅的時候,他們會感到更加悲痛。

儘管悲痛並不是一種精神病,但有時給人的感覺卻似乎是這樣。失眠、憂慮、恐懼、憤怒,聚集在一起,使人感到快要「發瘋」了。其實,這些情緒都是人們處於悲痛時的正常表現。

一位喪妻不久的男人晚上下班回家,一打開自己的門,就會聞到妻子做菜的香味。實際上家中並沒有人燒菜,這只是他的幻覺。雖然男人的妻子已經去世,但是,他常會對別人說晚上還能聽到妻子在做宵夜的聲音,像她活著的時候一樣。他無法抑制失去愛妻給自己帶來的悲痛。對愛妻的晝思夜想,使他常常出現類似的幻覺。

在悲痛剛剛產生的時候,人們常常平靜一陣,悲痛一陣。由於人們不相信所發生的事情,而感到茫然。然而隨著事情的推移,悲痛、憂鬱漸漸控制了他的情緒,使他在幾個月內都難以擺脫。身邊的每一件事物都能勾起他對往事的回憶,而這種回憶又加深了他的痛苦。喪偶的人會注意到每一

對如膠似漆的夫妻，幸福的夫婦彷彿到處都有。如果有位母親失去了孩子，她可能會注意到街上每一個可愛的兒童。

悲痛的人往往難以擺脫自己的感受。避開一些熟人和地方，獨自苦思冥想，讓時光慢慢地磨去心靈的創傷常常是悲痛中人們無奈的選擇。

事實表明，能把自己的悲痛宣洩出來，人們痛苦的過程就會縮短。但是，對於痛苦的歷程，每個人都只能夠以自己的方式去度過。

和知心朋友交談對大多數人來說是宣洩悲痛的有效方法。也許，你不願向朋友講述自己的不幸，但你可以從親友的關懷和友誼中汲取力量，戰勝傷痛。把痛苦悶在心裡，只會加劇自己的創傷延長悲痛的時間。做一些自己喜愛做的工作，可以幫助你減輕精神上的重壓。讓自己行動起來，最初可能會有困難，但做起來就會發現，工作對於任何悲痛都有一種巨大的治療作用。因為在工作中你會意識到自己的責任和義務，就會發現自己的力量，從而增強信心和勇氣。

在家裡，你可以為自己列個時間表，將生活安排得緊湊而有節奏。即使是洗洗衣服，買點東西，外出散步，這些簡單的活動對你的身心健康也大有益處。甚至與親友打打撲克牌，下下棋，看看電影，聽聽音樂，都能對自己精神的產生安慰作用。當然，如果你能夠為別人做一些力所能及的事，

則會更加有助於你建立自尊心,緩解思想上的憂鬱。睡覺之前洗個熱水澡,即使自己一個人吃飯也應該盡力把餐桌布置得漂漂亮亮。或者買一束鮮花插在花瓶裡,重新布置一下自己的房間,這些小事也會使人心情愉快起來。

第二章　學會忘記痛苦，懂得珍惜幸福

學會忘卻，生活才有陽光與歡樂

人生短短幾十年，何苦撐得那麼疲累，何不學會忘卻？有了健康的心理，就能戰勝一切人生的障礙。

人生在世，歡笑與快樂有時也會伴隨著憂慮與煩惱。正如成功伴隨著失敗，如果一個人的腦子裡整天胡思亂想，把沒有價值的、負面的東西也記存在頭腦中，那他總會感到前途渺茫，人生有很多的不如意。所以，我們很有必要對頭腦中儲存的東西及時清理，把該保留的保留下來，把不該保留的予以拋棄。那些給人帶來諸方面不利的因素，實在沒有必要過了若干年還值得回味或耿耿於懷。這樣，人才能過得快樂一點、灑脫一點。

一個人如果把什麼都能記得清清楚楚，大腦充滿著各式各樣的回憶，那實在是一件很可怕的事情，而且對你的精神狀況更是有害而無益。

在現實生活之中，我們常會看到這樣的不同現象。有一些人的思維特清晰，把所有那些大大小小、恩恩怨怨的事記得一清二楚，對什麼事情也著眼地斤斤計較、耿耿於懷，結

果呢？這些人非但解決不了事情，而且更患上難治癒的心病，最後弄得抑鬱而終。但有些人面對煩惱時，解決方法就是將該記下的事情牢牢記下，該遺忘的，把那些不愉快的事情拋諸腦後，腦子裡不停想著快樂的事情，別以為這些人是消極的做法。很多時候我們的腦子裡煩惱不堪，想問題鑽了牛角尖走進了死角，左想右想結果都會一樣；我們可從嘗試抽離自己，暫時把煩惱忘記，相隔一段時間後再追憶那些還未解決的事情，到了那時，可能你會找到更好的方法來解決心中的煩惱。

在人生的旅途當中，如果你永遠把那些成敗得失、功名利祿、恩恩怨怨、是是非非等都牢記在心中，讓那些傷痛的心事、煩惱事、無聊事永遠困擾著你，這樣的生活你會活得快樂嗎？在心中留下永不褪色的烙印，那就等於背了沉重的包袱、無形的枷鎖，就會活得很累很苦，以致令你精神恍惚、心力交瘁，生命之舟就無所依從。而且你更會在茫茫大海中迷航，甚至有翻覆的危險，如我們在煩惱當中，調節自己適當地把事情遺忘，把不該記憶的事情如流水般忘掉，那就給自己擁有愉快心境的機會，完滿將煩惱的事情解決，那就可以做到有位學者所說的心境：「如煙紅塵往事促忘卻，淡然如水於心底洗擦。」人生有這樣的心境，又有何求呢？

從前在山中的廟裡，有一個小和尚被要求去買食用油。在離開前，廟裡的廚師交給他一個大碗，並嚴厲地警告：「你

第二章　學會忘記痛苦，懂得珍惜幸福

一定要小心，我們最近財務狀況不是很理想，你絕對不可以把油灑出來。」

小和尚答應後就下山到廚師指定的店裡買油。在上山回廟的路上，他想到廚師凶殘的表情及嚴重的告誡，愈想愈覺得緊張。小和尚小心翼翼地端著裝滿油的大碗，一步一步地走在山路上，絲毫不敢左顧右盼。

很不幸的是，他在快到廟門口時，由於沒有向前看路，結果踩到了一個洞。雖然沒有摔跤，可是卻灑掉了三分之一的油。小和尚非常懊惱，而且緊張得手都開始發抖，無法把碗端穩。終於回到廟裡時，碗中的油就只剩一半了。

廚師拿到裝油的碗時，當然非常生氣，他指著小和尚大罵：「你這個笨蛋！我不是說要小心嗎？為什麼還是浪費這麼多油？真是氣死我了！」

小和尚聽了很難過，開始掉眼淚。另外一位老和尚知道了這件事，就跑來問是怎麼一回事。了解事情以後，他就去安撫廚師的情緒，並私下對小和尚說：「我再派你去買一次油。這次我要你在回來的途中，多觀察你看到的人和事物，並且需要跟我作一個報告。」

小和尚想要推卸這個任務，強調自己油都端不好，根本不可能既要端油，還要看風景、作彙報。

不過在老和尚的堅持下，他只有勉強上路了。在回來的途中，小和尚發現其實山路上的風景真是美。遠方看得到雄偉的山峰，又有農夫在梯田上耕種。走不久，又看到一群小

孩子在路邊的空地上玩得很開心,而且還有兩位老先生在下棋。這樣邊走邊看風景,不知不覺就回到廟裡了。當小和尚把油交給廚師時,發現碗裡的油裝得滿滿的,一滴都沒有灑。

生活中最難忘記的常常是煩惱。這足以看出我們的心靈對於煩惱起多麼的敏感。背負著過去的煩悶,夾雜著現今的苦惱,這對誰來說都是沒有好處的,反而可能造成對現實的厭惡!與其這樣,倒還不如超脫地忘掉它們。但要知道:忘卻並不是讓我們去逃避,而是快樂地去面對生活、努力進取!真正懂得從生活經驗中找到人生樂趣的人,才不會覺得自己的日子充滿壓力及憂慮。生活中有逆境也有順境,在挫折中,一定要忘卻煩惱;在順境中,別忘記欣賞。

人生當中必須經過酸甜苦辣四個不同的階段,每當你在不同的階段總會有一些體會,問題在於你是用正向角度來看待事情,還是用負面的方法?你越是急於解決煩惱,煩惱越是解決不了,更有些時候是反效果的,轉換方式,可否嘗試學習將問題暫時放下,忘卻所有已發生的事情,找個寧靜的地方輕鬆一下,做一些自己喜歡做的事情,忘卻所有煩惱,然後,你就會自然而然便找到最好的解決辦法,因為你會漸漸發現,我們都會隨著這些煩惱而成長。

人生需要反省,需要不斷歸納心得,發揚優點,克服缺點。要學會遺忘,用理智過濾掉自己思想上的雜質,保留真

誠的情感,它會教你陶冶情操。只有善於遺忘,才能更好地保留人生最美好的回憶。

平靜是福，
泰然面對塵世中的苦與樂

　　平靜是一種幸福，它和智慧一樣寶貴，其價值勝於黃金。泰然面對塵世中的苦與樂，這樣你就會更能得到幸福的垂青。

　　平靜是福，真正生活在喧囂吵鬧的都市中的人們，可能更懂得平靜的彌足珍貴。與平靜的生活相比，追逐名利的生活是多麼不值得一提。平靜的生活是在真理的海洋中，在波濤之下，不受風暴的侵擾，保持永恆的安寧。

　　心靈的平靜是智慧美麗的珍寶，它來自於長期、耐心的自我控制。心靈的安寧意味著一種成熟的經歷以及對於事物規律的不同尋常的了解。

　　人人嚮往平靜，然而，生活的海洋裡因為有名譽、金錢、房子等各種誘惑在「興風作浪」而難得寧靜。許多人整日被自己的欲望所驅使，好像胸中燃燒著熊熊烈火一樣。一旦受到挫折，一旦得不到滿足，便好似掉入寒冷的冰窖中一般。生命如此大喜大悲，哪裡有平靜可言？人們因為毫無節

第二章　學會忘記痛苦，懂得珍惜幸福

制的狂熱而騷動不安，因為不加控制欲望而浮沉波動。只有明智之人，才能夠控制和引導自己的思想與行為，才能夠控制心靈所經歷的風風雨雨。

是的，環境影響心態，快節奏的生活，無節制的對環境的污染和破壞，以及令人難以承受的噪音等等都讓人難以平靜，環境的攪拌機隨時都在把人們心中的平靜撕個粉碎，讓人遭受浮躁、煩惱之苦。然而，生命的本身是寧靜的，只有內心不為外物所惑，不為環境所擾，才能做到像陶淵明那樣身在鬧市而無車馬之喧，而有了所謂的「心遠地自偏」。

一個人如果能丟開雜念，就能在喧鬧的環境中體會到內心的平靜。

有一個小和尚，每次坐禪時都幻覺有一隻大蜘蛛在他眼前織網，無論怎麼趕都不走，他只好求助於師父。師父就讓他坐禪時拿一支筆，等蜘蛛來了就在牠身上畫個記號，看牠來自何方。小和尚照師父交代的去做，當蜘蛛來時他就在牠身上畫了個圓圈，蜘蛛走後，他便安然入定了。

當小和尚做完功課一看，卻發現那個圓圈在自己的肚子上。原來困擾小和尚的不是蜘蛛，而是他自己，蜘蛛就在他心裡，因為他心不靜，所以才感到難以入定，正像佛家所說：「心地不空，不空所以不靈」。

平靜是一種心態，是生命盛開的鮮花，是靈魂成熟的果實。平靜在心，在於修身養性，平靜無處不在，只要有一顆

平靜之心。追求平靜者,便能心胸開闊,不為誘惑,坦蕩自然。

平靜是一種幸福,它和智慧一樣寶貴,其價值勝於黃金。真正的平靜是心理的平衡,是心靈的安靜,是穩定的情緒。

「不以得為喜,不以失為憂」是一種非常平靜的心態。這種心態的優勢是專注於自己的事情,不因一時得失而憂心忡忡或興奮狂跳。也不要大喜大悲,那樣會使我們失去冷靜。

要以一種泰然處之的心態去面對。生活是我們的導向,它能把我們從痛苦中引領出來。在沉重的打擊面前,需要有處亂不驚的樂觀心態。平靜而樂觀,愉快而坦然。在生活的舞臺上,要學會對痛苦微笑,要坦然面對不幸。

在沉重的打擊面前,需要處事不驚的平靜心態,這樣就能戰勝沮喪,化坎坷崎嶇為康莊大道。你可能一時丟掉了原本屬於你的東西,或是錯過了一次機會,但是在精神上絕不能失望。平靜而達觀,愉快而坦然,是成功的催化劑,是另闢蹊徑、迎接勝利的法寶。

無所欲,無所求,只願有個好的體魄,有個幸福的家庭,衣能裹體,食能飽腹足矣。這是一種超境界的平靜心態。

摒棄世俗的偏見、豁達、灑脫,無憂無慮地承受人生百

第二章　學會忘記痛苦，懂得珍惜幸福

味，力求做到富不狂、貧不悲、寵不榮、辱不驚，真正擁有一顆健康、平和的心態，痛痛快快地享受人世間的陽光和溫馨。

1914年12月的一天晚上，愛迪生所在的紐澤西州某市的一家工廠失火，將近100萬元的設備和大部分研究成果被燒得一無所有。第二天，這位67歲的發明家在他的希望和理想化為灰燼之後，來到現場。大家都用同情和憐憫的眼光看著他，而他卻鎮定自若地對眾人說：「災難也有好處，它把我們所有的錯誤都燒光了，現在可以重新開始。」正是這種超凡脫俗的平靜心態，使這位大發明家在事業上步步邁向成功。

這個世界上有太多的誘惑，有太多的欲望。一個人需要以清醒的心智和從容的步履走過歲月，他的精神中必定不能缺少淡泊。淡泊是一種境界，更是人生的一種追求。雖然，我們每個人都渴望成功，但我們更需要的是一種平平淡淡的生活，一份實實在在的成功。

得意也罷，失意也罷，要坦然地面對生活的苦與樂。假如生活給我們的只是一次又一次的挫折，也沒什麼的，因為那只是命運剝奪了我們活得高貴的權利，但並沒有奪走我們活得快樂和自由的權利。

因為生活裡是沒有旁觀者的，每個人都有一個屬於自己的位置，每個人也都能找到一種屬於自己的精彩。平靜，會讓我們的生活精彩而幸福！

凡事都要看開，但不一定要看透

每個人有自己不同的活法，最重要是哪種是你覺得快樂的。凡事都看開一點，但不一定要看透，保持樂觀豁達的心胸是我們前進的動力。

凡事都看開一點，這是我們的處世哲學。既然已經發生了，我們就坦然地接受。俗話說，是福不是禍，是禍躲不過。當不可預料的打擊降臨的時候，當我們無法改變悲劇的時候，那麼我們就好好地欣賞悲劇吧。我們無法改變世界，但至少可以改變自己。

兩個水手因為船隻失事而流落到一個荒島。

甲水手一上岸就愁眉苦臉，擔心荒島上有沒有充飢之物，沒有落腳之處。乙水手卻一上岸就為自己將要開始一段新的生活而歡呼。

兩個人在荒島上找到一個洞口，乙水手為今晚可以睡一個好覺而慶幸，甲水手卻擔心洞裡面是否有怪獸。乙水手安然入睡，甲水手輾轉難眠，不知道明天怎麼度過。

上帝可憐兩個水手，竟然讓他們在荒島上意外地發現一袋糧食。乙水手高興得手舞足蹈，而甲水手擔心怎麼把生米

煮成熟飯，煮出來的飯是否嚥得下。

島上沒有淡水喝，他們不得不喝海水。乙說：「淡水喝慣了，喝海水換換口味。」而甲水手極不情願地把海水舀下，怨聲載道。

每吃完一頓飯，乙水手總是很滿足地說：「又過了一天。」而甲水手總是嘆氣：「唉，假如糧食吃完了該怎麼辦呢？」

糧食一天一天減少，終於被他們吃完了。荒島上還有些野果，他們把它採摘回來。乙水手說：「運氣真好。竟然還有水果吃。」甲水手哭喪著臉說：「從來沒有這麼倒楣過。上帝不要我活了，竟然要吃這樣的野果。」

終於野果也吃完了，他們再也找不到其他可以吃的東西了，只好挨餓。為了保持力氣，他們只好躺在洞裡休息。乙水手說：「想不到我竟然什麼也不用做還可以睡覺。」甲水手絕望地說：「死亡離我們越來越近了。」

最後一刻，他們都堅持不住了。乙水手說：「終於可以拋開一切煩惱，投奔天國了。」甲水手說：「我還不想下地獄。」

乙水手死了，臉上掛著微笑。

甲水手死了，臉上充滿悲傷。

同樣的結局，不一樣的人生。並不是乙水手不尊重生命，乙水手充分享受到了人生最後過程的樂趣，雖然結果仍免不了死亡，但一切對他來說不是那麼重要了，他死的時候

都是快樂的，他沒有留下什麼遺憾。而甲水手與乙水手截然相反，明知道不可能的事情還是處處在乎，明知道得不到的東西仍然想得到，自己為難自己，自己勉強自己，時時刻刻處於憂慮惶恐之中，最終還不是一樣沒有擺脫死亡。但他最後的人生歷程與乙比起來要差遠了，沒有得到任何的快樂，死的時候也無法瞑目。旁觀者清，當局者迷。如果換做我們，我們當然會選擇乙水手的做法。可是，當我們身臨其境的時候，我們是否還能做到呢？或許只有你自己知道答案了。

有起必有落，有落必有起，否則就不是人生。塞翁失馬，並不著急找，是因為他不需要馬嗎？不是，因為他知道就算自己費盡周折也不一定找得到，得不償失，還不如等牠自己跑回來。結果，那匹馬不但跑回來了，還帶了一大群馬。

事物都有一體兩面。當我們失去某一件東西的時候，必然會得到另外一件東西，雖然失去的很珍貴，但誰知道你得到的東西不比你失去的東西更珍貴呢？但我們大多數人往往意識不到這一點，失去的已經證明它很珍貴了，得到的還需要一段時間證明它是否珍貴。所以，我們應該學會的是耐心等待。

巴利說：「人生像一杯茶，若一飲而盡，會提早見到杯

第二章　學會忘記痛苦，懂得珍惜幸福

底。」若從高遠處看問題，我們的難題和失意又算得了什麼呢？人生在世，既不要誇大自己的幸運，也不要誇大自己的困境。幸福也好，不幸也罷，平淡乏味也好，富有情趣也罷，青春勃發也好，年老體衰也罷，無非都是自我感覺，自我的心理反應。

凡事看開一點，但不一定要看透。在這樣一個充滿焦慮的時代裡，靈魂和內心更需要寧靜。這片寧靜可能在高山上，也可能在大海邊，更可能藏在一座鄉村小屋中，只要你能用心去體會，就能練就包藏宇宙、吞吐天地的大氣魄。只有這樣，你才能運籌帷幄之中，決勝千里之外，才能有指揮若定的揮灑自如，如范仲淹「胸中自有十萬甲兵」，如諸葛孔明悠然撫琴退強兵。身在紅塵中，而心早已在白雲之上，又何必「入唯恐不深」呢？

永遠不要浪費時間，
去想任何你不喜歡的人

　　過去的已經過去，將來的還未來臨。世間最可貴的就是現在，最易喪失的也是現在。珍惜現在要比期望未來重要得多，也實際得多。

　　你熱愛生命嗎？那麼別浪費時間，因為時間是組成生命的材料。珍惜時間就是珍惜生命，我們的一生中會經歷很多事，遇到很多人，其中會有許多我們不喜歡的人，如果我們總是對這些「不喜歡」的人念念不忘，耿耿於懷，我們的心總是被他們占據，時間總是浪費在他們身上，那我們的心一定是荒蕪一片，雜草叢生，我們的人生也成了雞毛蒜皮的垃圾場。

　　不知你有沒有過這樣的經歷，原本心情愉快興高采烈的時候，因為想起一些不喜歡的人，心情一下就變得很糟，而且想得越多越心煩，結果是什麼事也不想做，即使做了也做不好，只能眼看著時間白白流走，自己卻毫無辦法。如果這樣日復一日，年復一年，天天活在痛苦與憎惡的情緒裡，得

第二章　學會忘記痛苦，懂得珍惜幸福

不到解脫，就連身邊的幸福都會悄悄溜走，未來還有什麼幸福快樂可言。

所以，不要浪費時間去想那些不喜歡的人。要學會忘記過去的不愉快，拔除心的雜草，讓心靈清淨明朗。

斯恩德有三個孩子，他要求大兒子克萊爾、二兒子卡爾夫和小女兒凱妮每天都去菜園裡拔除雜草。儘管三個孩子非常不願意，但都知道父親的脾氣，於是每天放學後，都乖乖地去菜園拔草。剛開始，他們會互相埋怨。

克萊爾說：「卡爾夫，你只顧著往前衝，根本不管身後的草是否拔乾淨，總是要我重新拔。」

卡爾夫說：「難道你沒看到，我拔得最多嗎？你怎麼不看看凱妮，我拔了一大片，她才提了幾棵！」

凱妮則哭了起來：「你們看，我的手上都起泡了，還有，我的花裙子又弄髒了。」

草並不是那麼好拔的，有時拔草的同時，會將菜苗一起拔了起來；有時一不小心就會被雜草的尖刺劃破手指。往往這塊地裡的草還沒有拔完，一場雨下來，那塊地裡又冒出了小草尖尖的腦袋。於是，他們只得每天放學後在菜園裡忙碌。慢慢地，孩子們不但學會了拔草，而且也不再抱怨。

菜園裡的蔬菜，因拔除了雜草而長得鬱鬱蔥蔥，而孩子們也都愛上了拔草的工作。直到有一天，克萊爾宣布，他以後不能去菜園拔草了，因為他要去州立大學讀書。臨走時，克萊爾說：「真捨不得啊，這麼漂亮的一片菜地。」

於是，菜園裡只剩下卡爾夫和凱妮了。又過了不久，卡爾夫宣布，他也要去遠方讀大學，不能去菜園拔草了。最後是凱妮。凱妮走的時候戀戀不捨地對父親說，以後，菜園裡的雜草由誰來拔呢？

父親說：「不用著急，我有除草劑呢。」

凱妮不解地對父親說：「您既然有除草劑，怎麼還要我們兄妹去拔草呢？」

斯恩德舒心地笑了：「現在你們兄妹三人都上了大學，不能忘了這拔草的功勞。拔草時，你們學會了寬容。要知道，心中的雜草靠除草劑可不行，那要靠自己動手才能拔除！」

斯恩德的高明之處在於他透過除草的行動來教育孩子，教給他們寬容。心靈裡的雜草剷除了，自然就會花香陣陣，彩蝶翩飛。

有位哲學家說過：想除掉曠野裡的雜草，最好的方法就是在上面種上農作物。同樣，要想讓靈魂無紛擾，最好的方法就是用美德去占領它。

放下那些煩惱，忘記過去的種種不滿，擁有一顆寬容豁達的心，心中的「雜草」也會知難而退。如果我們的頭腦被那些令人不滿的現象所占據，我們就會逐漸失去平和的心態，開始習慣於注意並陷入這些瑣碎、消極、猥瑣、骯髒甚至卑鄙的事情。無形中，我們的思想也會漸漸地充斥著這樣的一些事情。並且，我們還會在不知不覺中，把這些情緒帶到未

來的生活中，於是，瑣碎、消極、猥瑣、骯髒甚至卑鄙的事情會在我們的身邊聚集，甚至會越來越多。

不要浪費時間去想你不喜歡的人，不要在負面的情緒和事物上浪費時間和精力。不如忘了該忘記的，與自己喜歡的人在一起，積極樂觀地享受生活，越來越多美好的事物將會因此來到你的身邊。

你什麼時候放下，
什麼時候就沒有煩惱

在這個世界上，為什麼有的人活得輕鬆，而有的人為什麼活得沉重？前者是拿得起，放得下；而後者是拿得起，放不下，所以沉重。人生最大的包袱不是拿不起來，而是放不下。

放下是一種覺悟，更是一種心靈的自由。只要你不把閒事常掛在心頭，你的世界將會是一片風光霽月，快樂自然願意接近你！

兩個和尚一道到山下化齋，途經一條小河，正要過河，忽然看見一個婦人站在河邊發愣，原來婦人不知河的深淺，不敢輕易過河。一個年紀比較大的和尚立刻上前去，把那個婦人背過了河。兩個和尚繼續趕路，可是在路上，那個年紀較大的和尚一直被另一個和尚抱怨，說身為一個出家人，怎麼背個婦人過河，甚至又說了一些不好聽的言語。年紀較大的和尚一直沉默著，最後，他對另一個和尚說：「你之所以到現在還喋喋不休，是因為你一直都沒有在心中放下這件事，而我在放下婦人之後，同時也把這件事放下了，所以才不會像你一樣煩惱。」

第二章　學會忘記痛苦，懂得珍惜幸福

其實，生活原本是有許多快樂的，只是我輩常常自生煩惱，空添許多愁。許多事業有成的人常常有這樣的感慨：事業小有成就，但心裡卻空空的。好像擁有很多，又好像什麼都沒有。總是想成功後坐豪華郵輪去環遊世界，盡情享受一番。但真正成功了，仍然沒有時間沒有心情去了卻心願。因為還有許多事情讓人放不下……

對此，作家吳淡如說得好：好像要到某種年紀，在擁有某些東西之後，你才能夠悟到，你建構的人生像一棟華美的大廈，但只有硬體，裡面水管失修，配備不足，牆壁剝落，又很難找出原因來整修，除非你把整棟房子拆掉。

你又捨不得拆掉。那是一生的心血，拆掉了，所有的人會不知道你是誰，你也很可能會不知道自己是誰。

仔細咀嚼這段話，其中的味道，我輩不就是因為「捨不得」嗎？

很多時候，我們捨不得放棄一個放棄了之後並不會失去什麼的工作，捨不得放棄已經走出很遠很遠的種種往事，捨不得放棄對權力與金錢的角逐……於是，我們只能用生命作為代價，透支著健康與年華。不是嗎？現代人都精於算計投資報酬率，但誰能算得出，在得到一些自己認為珍貴的東西時，有多少和生命休戚相關的美麗像沙子一樣在指掌間溜走？而我們卻很少去思忖：掌中所握的生命的沙子的數量是

有限的,一旦失去,便再也撈不回來。

佛家說:「要眠即眠,要坐即坐」,是多麼自在的快樂之道啊,倘使你總是「吃飯時不肯吃飯,百種需索,睡眠時不肯睡,千般計較」,這樣放不下,你又怎能快樂呢?

人生的煩惱來自於非分的欲望,種種誘惑使你心中的明月蒙塵,修養心靈不是一件容易的事,要用一生去思索。「放下」,這是非常不容易做到的,有了功名,就對功名放不下;有了金錢,就對金錢放不下;有了愛情,就對愛情放不下;有了事業,就對事業放不下。在肩上的重擔,在心上的壓力,可以說使我們生活得非常艱難。

如果你能夠領悟「放下」的道理,你將會有一種如釋重負的感覺。因為只有懂得放下,才能掌握當下。放下就是快樂,只要你心無罣礙,什麼都看得開、放得下,何愁沒有快樂的春鶯在啼鳴?何愁沒有快樂的泉溪在歌唱?何愁沒有快樂的白雲在飄蕩?何愁沒有快樂的鮮花在綻放?

莊子云:「人生如白駒過隙。」哲人的結論難道不能使人有所啟發嗎?我輩何不提得起、放得下、想得開,做個快樂的自由人呢?

第二章　學會忘記痛苦，懂得珍惜幸福

幸福無須他人認可，
人人都應爲自己而活

　　人活在這個世界上，所追求的應當是自我價值的實現，並不是為了他人而活。如果你追求的幸福是處處參照他人的模式，那麼你的一生都將會悲慘地活在他人的價值觀裡。

　　生活中的我們很在意自己在別人的眼裡究竟是一個什麼樣的形象，因此，為了給他人留下一個比較好的印象，我們總是事事都要力求完美，時時都要顯得比別人高明。在這種心理的驅使下，人們往往把自己推到一個永不停歇的痛苦的人生軌道上。

　　事實上，人活在這個世界上，並不是一定要壓倒他人，也不是為了他人而活。人活在世界上，所追求的應當是自我價值的實現以及對自我的珍惜。不過，值得注意的是，一個人是否實現自我價值並不在於你比他人優秀多少，而在於你在精神上能否得到幸福的滿足。只要你能夠得到他人所沒有的幸福，那麼即使你表現得不夠高明也沒有什麼。

　　有一個叫珍妮的女人，她喜歡彈鋼琴，每天都會彈上一

段時間，儘管她的水準很一般。有一天下午，珍妮正在彈鋼琴時，七歲的兒子走進來說：「媽，你彈得不怎麼高明吧？」

不錯，是不怎麼高明。任何認真學琴的人聽到她的演奏都會退避三舍，不過珍妮並不在乎。多年來珍妮一直這樣不高明地彈，而且彈得很高興。

珍妮也喜歡不高明的歌唱和不高明的繪畫。從前還自得其樂於不高明的縫紉，後來做久了終於擁有了一手好縫紉技術。珍妮在這些方面的能力不強，但她不以為恥。因為她不是為他人而活，她認為自己有一兩樣技能做得不錯。其實，任何人能夠有一兩樣技能做得不錯就應該夠了。

不幸的是，不為他人而活已不流行。從前一位紳士或一位淑女若能唱兩句，畫兩筆，拉拉提琴，就足以顯示身分。可是在如今競相比較的世界裡，我們好像都該成為專家——甚至在嗜好方面亦然。你再也不能穿上一雙布鞋在街上慢跑幾圈做健身運動。認真練跑的人會把你笑得足以讓你不敢在街上露面——他們每星期要跑30公里，頭上縛著束髮帶，身上穿著昂貴的運動裝，腳上穿著花樣新奇的跑鞋。不過，跑步的人還沒有跳舞狂那麼勢利。也許你不知道，「去跳舞」的意思已不再是穿上一身漂亮服裝，星期六晚上陪男友到舞廳去轉幾圈。「跳舞」是穿上緊身衣褲，繫上腳套，流汗做6小時熱身運動，跳4小時爵士音樂舞。每星期如此。

你在嗜好方面所面對著的競爭，很可能和你在職涯上所遭遇的問題一樣嚴重。「啊，你開始織毛線了，」一位朋友對珍妮說，「讓我來教你用卷線織法和立體織法來織一件別緻

的毛衣外套,織出十二隻小鹿在襟前跳躍的圖案。我織過這樣一件給女兒。毛線是我自己染的。」珍妮心想,她為什麼要找這麼多麻煩?做這件事只不過是為了使自己感到快樂,並不是要給別人看以取悅別人的。直到那時為止,珍妮看著自己正在編織的黃色圍巾每星期加長5～6公分時,還是自得其樂。

從珍妮的經歷中我們不難看出,她生活得很幸福,而這種幸福的獲得正在於她做事不是為了向他人證明自己是優秀的,而特意去索求別人的認可。改變自己一向堅持的立場去追求別人的認可並不能獲得真正的幸福,這樣一條簡單的道理並非人人都能在內心接受它,並按照這條道理去生活。因為他們總是認為,那種成功者所享受到的幸福就在於他們得到了我們這個世界大多數人的認可。

人們曾一度耽於一些幻想。假定你確實希冀從他人那裡得到認可,更進一步假定得到這種認可是一種健康的目標,腦子裡裝滿這種假定後,你就會想到,實現你的目標的最好最有效的方法是什麼呢?在回答這一問題之前,你的腦子裡就會想像你的生命中有這樣一個似乎獲得了大多數人認可的人。這個人是一個什麼樣的人呢?他怎樣行事呢?他吸引每個人的魅力何在呢?你的腦中這個人的形象,也許就是一個坦率、不轉彎抹角的人,也許就是一個不輕易苟同他人意見的人,也許就是一個實現了自我的人。不過,出乎意料的

是，他可能很少或沒有時間去尋求他人的認可。他很可能就是一個不顧後果實話實說的人。他也許發現策略和手腕都不如誠實正直重要。他不是一個容易受傷的人，而是一個沒有時間去想那些巧舌如簧和將話說得很有分寸之類的雕蟲小技的人。

這難道不是一個嘲諷嗎？似乎得到了生命中最多認可的人卻是從不為他人而活的人。

下面的這則寓言也許能清楚地說明這個問題，因為幸福是無須尋求他人的認可。

一隻大貓看到一隻小貓在追逐自己的尾巴，於是問：「你為什麼要追逐你自己的尾巴呢？」小貓回答說：「我意識到，對一隻貓來說，最好的東西便是幸福，而幸福就是我的尾巴。因此，我追逐我的尾巴，一旦我追逐到了它，我就會擁有幸福。」大貓說：「我的孩子，我曾經也注意到宇宙的這些問題。我曾經也認為幸福在尾巴上。但是，我注意到，無論我什麼時候去追逐，它總是逃離我，但當我從事我的事業時，無論我去哪裡，它似乎都會跟在我後面。」

獲得幸福的最有效的方式就是不為別人而活，就是避免去追逐它，就是不刻意苛求每個人認可自己。透過和你自己緊緊相連，透過把你正向的自我形象當作你的顧問，你就能得到更多的認可，獲得更多的幸福。

當然，你絕不可能讓每個人都同意或認可你所做的每一

件事，但是一旦你認為自己有價值、值得重視，那麼，即使你沒有得到他人的認可，你也絕不會感到沮喪。如果你把不贊成視作是生活在這一星球上的人不可避免地會遇到的非常自然的結果，那麼你的幸福就會永遠存在你的內心。因為，在我們生活的這一星球上，人們的認知都是獨立的，人人都應該為自己而活。

第三章
用捨心對待貪欲，
用淡泊應對誘惑

這個世界有太多的誘惑，因此有太多的欲望，過多的欲望就產生了滿足不了的痛苦。一個人要以清醒的心智和從容的步履走過歲月，他的精神中必定不能缺少淡泊。淡泊，並不是不求進取，不是無所作為，不是沒有追求，而是以一顆捨得心對待生活。

第三章　用捨心對待貪欲，用淡泊應對誘惑

人之所以痛苦，
在於追求錯誤的東西

　　人之所以煩惱，在於對生活捨本逐末；人之所以痛苦，在於追求錯誤的東西。盲目追求那些不可能得到的事物，自己卻毫不覺察，於是在追求中蹉跎了歲月。

　　我們一生都在追求自己想要得到的，可是有多少追求是鏡中的花，水中的月？我們不惜以畢生精力去追求外物，於是就有了太多的無可奈何，有了太多的痛苦不堪。外物僅是人生的陪襯，不是人生的主角，更不是人生的全部。如此，豈不成了捨本逐末了嗎？

　　有一天，幾位分別了多年的同學相約去拜訪大學時的老師。

　　老師見了大家後很高興，問他們生活得怎麼樣。沒想到，這一句話就勾出了大家的滿腹牢騷。大家紛紛訴說著生活的不如意：工作壓力大呀，生活煩惱多呀，做生意的商戰失利呀，當官的仕途受阻呀，彷彿都成了時代的棄兒。

　　老師笑而不語，從廚房裡拿出了一大堆杯子，然後擺在茶几上。這些杯子各式各樣，形態各異，有瓷器的，有玻璃

的,有塑膠的,有的杯子看起來豪華而高貴,有的則顯得普通而簡陋。

老師說:「大家都是我的學生,我就不把你們當客人看待了。你們要是渴了,就自己倒水喝吧。」

眾人正好都說得口乾舌燥了,便紛紛拿了自己看中的杯子去倒水喝。等大家手裡都端了一杯水時,老師說話了。他指著茶几上剩下的杯子說:「你們注意了沒有,你們手裡的杯子都是最好看、最別緻的杯子,而像這些塑膠杯卻沒有人去選它。」

當然,大家對此都不覺得奇怪,因為誰不希望自己拿著的是一個好看的杯子呢?

老師繼續說:「這就是你們痛苦和煩惱的根源。大家需要的是水,而非杯子,但我們總是會有意無意地去選擇漂亮的杯子。這就如跟我們的生活,如果生活是水,那麼工作、金錢、地位這些東西就是杯子,它們只是我們盛起生活之水的工具。其實,杯子的好壞,並不影響水質。如果將心思花在杯子上,我們哪裡還有心情去品嚐水的苦甜啊!這,不就是自尋煩惱嗎?」

真正的幸福,是杯子裡的水,而不是裝水的杯子。換言之,財富、地位、名利,這些讓很多人欲罷不能的東西,其實只是生活的裝飾、生活的虛相而已,並不是生活本身。可惜,很多人把生活的重點放錯了,忘記了此生的目的,把心思都放在了追求錯誤的東西上,痛苦自然難免。

第三章　用捨心對待貪欲，用淡泊應對誘惑

在人生的旅途中經常會遇到許多分岔口，與其盲目的前行，不如在適當的時候停下來想一想，什麼才是自己的需求，什麼能使自己更快的走向成功。選擇是人生成功道路上的必備路標，只有量力而行的明智選擇才會擁有輝煌的成功，然而那些錯誤的追求是要不得的。

美國威克教授曾經做過一個有趣的實驗：把一隻蜜蜂和蒼蠅同時放進一個平放的玻璃瓶裡，使瓶底對著光亮處，瓶口對著暗處。結果，那隻蜜蜂拚命地朝著光亮處掙扎，最終氣力衰竭而死，而亂竄的蒼蠅竟能做到從細口瓶頸逃生。

不懈追求歷來被認為是一種可貴而值得稱道的精神。鄭板橋的「咬定青山不放鬆，任爾東西南北風」，謳歌的是執著追求；姚雪垠窮其半生心血，青絲熬成銀髮，寫完了五卷本數百萬字的《李自成》，靠的是執著追求。但是堅持錯誤的追求有時則是一種自欺。在這個世事難料的世界，種種的原因都可能會束縛著美夢難圓，與其堅持不懈地追求錯誤的東西，不如明智的放棄，然後另選一條捷徑。

堅持是追求卓越的一種優秀品格，但是，當出現在我們面前的是一座無法踰越的大山時，我們所需要的不是堅持走到底的執著。這時，放棄這個錯誤堅持則為更加重要，然後再做明智的選擇，行走另外一條路。因為天無絕人之路，上天在關掉一扇門的同時，也會為你再開一扇窗的，所以我們

需要的是靈活應變,而不是盲目的執著追求。

　　錯誤的堅持不可取。曾經有一頭小毛驢,揹著一捆草在路上走。走到半路的時候天空忽然下雨了,因此草也變得越來越沉了。牠完全可以把草丟掉,然後輕鬆的上路,還可以早一點趕回去家。可是牠覺得已經背了這麼遠,丟掉太可惜,將來還要重新去背,所以牠繼續揹著。雨越來越大,草越來越沉,牠終於再也背不動了,然而在此時牠所背的草也黴壞了,草最終還是被丟掉了。

　　對於那些錯誤的追求,該放手的時候就要明智地放開手。對於一件沒有結果的事情,過於堅持是錯誤的堅持,明知道這是一條走不通的死巷子,卻還要繼續往前走,面對的也許只有痛苦與浪費時間。

第三章　用捨心對待貪欲，用淡泊應對誘惑

與其貪而不滿，不如知足常樂

因為不知足，不知有多少社會菁英隕落在自己設下的浮華喧鬧的物欲追求的壓力之下。知足常樂是一種超然的人生態度，更是這個物欲橫流、紛繁嘈雜又急功近利的社會所需要的急救針。

人生在世的諸多痛苦大都是由於貪而不滿所招致的。一個人的生命是有限的，而欲望是無盡的，以有限的生命去填補無盡的欲望，總會有力不從心的感覺。人生種種的不如意、不快意和不盡意，都是貪而不滿帶來的。貪而不滿是不幸福、不快樂結出的花朵，不快樂、不幸福也是貪而不滿所生產的果實。兩者互為因果，亙古如此。

俗話說，知足者常樂，只有知道滿足，才能體會到由滿足而帶來的幸福的感覺。知足也是一種心態，一份從容，身邊的許多誘惑不罣礙於心，淡泊心志，進退無憂。

知足是讓我們養成幸福的習慣，有了這個習慣，我們的生活中的幸福就會一個接一個。如果每天都以一份知足的心態去面對生活，生活就不再像以前那樣苦悶無聊了，而是變得生動快樂起來。

與其貪而不滿，不如知足常樂

從前，大森林裡居住著一個動物王國。動物王國的成員不斷的發展壯大，很快的，動物王國的領地已不能滿足如此多的成員棲息了。為此，獅王召開了全體動物大會，在會上獅王決定派遣一支探險隊，去沒有同類足跡沒有人類活動痕跡的地方去開拓新的領地。

駱駝被獅王任命為探險隊隊長，探險隊其他成員還包括獵豹、大象、狐狸、長頸鹿、猩猩。大家做好了充足的準備，便踏上了尋找新家園的旅程。

一路上，隊員們在駱駝隊長的帶領下，跋山涉水，曉行夜宿，翻山越嶺，穿過戈壁荒漠，歷盡千辛萬苦，可是沒能找到適合棲息的理想的家園。於是，有的隊員就開始心灰意冷，不斷地抱怨起來，說路如何難走，說食物如何難吃……只有猩猩一路上始終很愉快。

有一天清晨，隊員們還在熟睡中，猩猩起床去河邊洗臉，當牠返回的時候，其他的隊員們才剛剛起床。

「早安，朋友們！」猩猩心情愉快地向同伴們打招呼，可是，牠們一個個都沒反應。

「朋友們，嗨，今天的天氣多好啊，清晨的景色多美啊！」猩猩再一次向同伴們打招呼，並快樂的哼起歌來。猩猩的舉動很是讓人費解。

狐狸翻著白眼問道：「你好像很高興啊，你難道撿到了寶貝嗎？還是找到了什麼新鮮玩意？」

「是的，你說得沒錯」，猩猩說，「我看到了一路上我們

第三章　用捨心對待貪欲，用淡泊應對誘惑

可以看見的美麗的風景和奇觀，我被它們的美麗深深的迷住了，深深的陶醉其中，這難道還不足以高興嗎？你們為什麼只顧低頭走路，難道大自然的餽贈還不能讓你們滿足嗎？」

有時候，我們被自己的目標牽引得太緊了，沒有放鬆的餘地，其實這樣一來原本屬於我們的快樂也從我們身邊溜走。同樣是探險隊裡的成員，同樣的跋山涉水、艱苦行進，可是得到的生活卻不一樣。猩猩因為知足，懂得欣賞大自然的餽贈而身心愉快；同伴們只知道一味的尋找目標，不知道滿足更不懂得欣賞，錯過了路上優美的風景，最後疲憊不堪一無所獲。

現實生活中也是如此，如果我們孜孜以求於一個目標，會錯過很多原屬於你的東西。而且，一個目標實現了還會有更多個目標等著你去完成。目標是沒有終極的，不可能說一個目標完成了，生命就終止了或者就能不用努力了。人總是這山望著那山高，得隴望蜀，為達目的，不惜心力交瘁，這都是貪而不滿引起的。

生活的本質就是如此，如果你什麼都不知足，那你將什麼也挽留不住，幸福和快樂對你來說都是短暫的，稍稍的眷顧就離你而去，痛苦和鬱悶將時常伴隨你，讓你生活不得安寧，讓你的心靈裡生滿野草。

《菜根譚》中說：「都來眼前事，知足者仙境，不知足者凡境。」可見知足者和不知足者的境遇竟是天壤之別。懂得

知足的人，知道自己的奮鬥的底線，會依照這個底線為自己制定發展計畫，而不會好高騖遠，也不會殫精竭慮的算計。知足者不辱，那些受到了侮辱的人很多就是不知足的緣故。不知足就會上竄下跳，為了自己的利益妨礙或是傷害別上，最終招致別人的反對和侮辱，究其原因也是自取其辱。

人要懂得知足，不要對自己和社會要求太高，所謂爬得越高摔得越狠，有多大的幻想就會受到多大的傷害。人生短暫，生命的充實和快樂才是最重要的，如果只會一味地貪求，那麼心靈就會讓貪而不滿的泥潭吞噬，終日陷入於惶惑和恐懼之中，生活變得空虛，也談不上幸福和愉快了。

知足常樂，知足是我們索求快樂時必備的心態。如果貪而不滿，就不要責怪上天為什麼讓你痛苦了。在知足的基礎上積極地打拚奮鬥，幸福和成功將會同時收穫，那樣的人生才是真正意義上的人生。

第三章　用捨心對待貪欲，用淡泊應對誘惑

學會放棄，放棄是另一種美

適時放棄，對心境是一種寬鬆，對心靈是一種滋潤，它驅散了烏雲，它清掃了心房。有了它，人生才能有爽朗坦然的心境；有了它，生活才會充滿陽光。

在人生的旅途中，一個人如果喜歡把自己所遇到的每件東西都背上，身上負重，這樣就會感覺到非常累，說不定哪天會因身負如此沉重的東西而停滯不前或倒地不起。不要去強求那些不屬於自己的東西，要學會適時放棄。也許在你殫精竭慮時，會得到你曾經想要得到而又沒得到的東西，會在此時有意外的收穫。

從前，有位樵夫生性愚鈍，有一天他上山砍柴，不經意地看見一隻從未見過的動物。於是，他上前問：「你是誰？」

那動物說：「我叫『聰明』。」

樵夫心想：我現在就是很愚鈍，缺少聰明啊！把牠捉回去算了！

這時，「聰明」突然說：「你現在想捉我，是嗎？」

樵夫嚇了一跳：我心裡想的事牠都知道！那麼，我不妨

裝出一副不在意的模樣，趁牠不注意時趕緊捉住牠。

結果，「聰明」又對他說：「你現在又想假裝成不在意的模樣來騙我，等我不注意時把我捉住帶回去，是嗎？」樵夫的心事被「聰明」看穿了，所以就很生氣，心想真是可惡！為什麼牠都能知道我在想什麼呢？

誰知這種想法馬上又被「聰明」知道了。牠又開口道：「你在為沒有捉住我而生氣吧！」

於是，樵夫開始從內心檢討：我心中所想的事好像反映在鏡子裡一般，完全被牠看穿。我應該把牠放棄，專心砍柴。還是順其自然的好，幹嘛生氣徒增煩惱呢？

樵夫想到這裡，就揮起斧頭，專心地砍起柴來。一不小心，斧頭掉下來，卻意外地壓在「聰明」的身上，「聰明」立刻被樵夫捉住了。

適時放棄是一種智慧，會讓你更加清醒地審視自身內在的潛力和外界的因素，會讓你疲憊的身心得到調整，開始新的追求，成為一個快樂明智的人。有的人不願放棄是因為不能正確地認識自己、了解客觀事物或者不能正確地審時度勢。放棄不應是心血來潮的隨意之舉，也不是無可奈何的退卻策略，而是對客觀情況的縝密分析，是沉著冷靜、堅強意志的結果和展現。正確的放棄是成功的選擇。

1976年，英國探險隊成功登上聖母峰，下山時卻遇上了狂風大雪。如果紮營休息，惡劣天氣很可能導致全軍覆沒；

第三章　用捨心對待貪欲，用淡泊應對誘惑

而繼續前行必須放棄隨身的貴重物資和寶貴的數據，還要在食物缺乏、隨時有失去生命危險的情況下前進10天。這時退役軍人萊恩率先丟棄了所有的隨身裝備，並和隊友們忍受著寒冷、飢餓和疲勞，相互鼓勵著不分晝夜地行走，只用了8天的時間就到達了安全地帶。

這是一個驚心動魄、生死攸關的有關放棄的故事，它告訴我們如何正確地對待和選擇放棄。

人的執著常常被奢望所鼓舞。世間太多美好的事物已成為我們苦苦追求與嚮往的，成為活著的一大目的，殊不知我們在不斷擁有的同時，也在不斷地失去。為金錢所累，為名利所累，最終付出的將是健康甚至是生命的代價。

適時放棄是對生命的呵護。當今社會殘酷的競爭帶來的是沉重的壓力和難言的負荷。由於長期超負荷運轉，致使許多年輕的生命過早凋零。也許他們在倒下的瞬間才明白：人生一世，健康才是最大的財富。人生苦短，以生命為代價的磨損是沉重的，是任何東西都無法彌補的。為將來著想，為長遠考慮，為何不學會適時放棄呢？

一個人在處世中，拿得起是一種勇氣，放得下是一種肚量。對於人生道路上的鮮花、掌聲，有糊塗智慧的人大都能等閒視之，屢經風雨的人更有自知之明。但對於坎坷與泥濘，能以平常之心視之，就非常不容易。大的挫折與大的災難，能不為之所動，能坦然承受，這是一種胸襟和肚量。

人生路上一樣，大千世界，萬種誘惑，什麼都想要，會累死你；該放就放，你會輕鬆快樂一生。人生苦短，每個人都會有得意、失意的時候，世上沒有一條筆直和平坦的路，又何必痴求事事如意呢？如若煩憂相加、困擾接踵，對身心只能有害無益。

我們應該保持心靜如水、樂觀豁達，讓一切隨風而來，又隨風而去，且須從心底經常及時剔除煩憂。心房常常「打掃」，方能保持清新亮堂。正如我們每天打掃環境一樣，該扔的扔，該留的留，心靈自然會釋然，繼而做到胸襟開闊，積極向上，在人生之路上走得更瀟灑。

第三章　用捨心對待貪欲，用淡泊應對誘惑

不入名利牢籠，心中則無牢

　　這是一個極具誘惑力的社會，這是一個欲望膨脹的年代，人們的心裡總是塞滿著欲望和奢求。追名逐利的現代人，在名利牢籠之內徒勞苦爭，輕者苦惱傷心，重者傷身損肢，極重者粉身碎骨。

　　人世間，總是交織著眾多的名利是非，攪得身陷其中的我們，整日為名利是非所累，為金錢得失所煩。殊不知，所謂的名利是非、金錢得失均不過是人生浮雲，轉眼即逝。

　　從前有一個漁翁在夢中見到了上帝。

　　上帝問道：「你想和我交談嗎？」

　　漁翁說：「我很想和你交談，但不知道你是否有時間？」

　　上帝笑道：「我的時間是永恆的。你有什麼問題嗎？」

　　漁翁說：「你覺得人類最煩惱的是什麼？」

　　上帝答道：「為名利而活，又為名利而煩。他們犧牲自己的健康來換取金錢，然後又犧牲金錢來恢復健康。他們對未來充滿憂慮，但卻忘記了現在。於是，他們既不生活於現在之中，也不生活於未來之中。他們活著的時候好像從不會死去，但是死去以後又好像從未活過⋯⋯」

不入名利牢籠，心中則無牢

上帝握住漁翁的手，他們沉默了片刻。

漁翁問道：「作為智者，你有什麼生活經驗想要告訴現在的人？」

上帝笑著回答道：「金錢名利乃身外之物，要想活得輕鬆，就別將名利記心頭。人們應該知道，一生中最有價值的不是擁有什麼東西，而是擁有健康的心態。人們應該知道，與他人比較是不好的。人們應該知道，富有的人並不擁有最多，而是需求最少。人們應該知道，金錢可以買到任何東西，但卻買不到幸福。人們應該知道，兩個人看同一件事物，會看出不同的東西。人們應該知道，我始終存在。」

造物主在把那麼多美德賦予了人類的同時，也把名利、是非、金錢得失同時嵌入了人的身體。於是這些固有的心病便成了桎梏與羈絆，成了懸崖與深淵，它們將許許多多的人擋在了幸福的大門之外。

人的一生常被名利所束縛。名利對於人，實用的少，更多的是一種心理上的安慰，一種對自己價值的確認。因此，名利只不過是一個人所賺得的自己的身價而已，人總是透過名利來標明自己價值的高低。沒有了名利，人自己常常也會對自己的價值產生懷疑，對自己在世上的價值失去信心。因此，為追求名利，很多人都不惜終生求索，使名利的繩索最後變成了人生的絞繩，斷送了人生所有的快樂與歡笑。

《菜根譚》中說：「富貴名譽，自道德來者，如山林中花，

第三章　用捨心對待貪欲，用淡泊應對誘惑

自是舒徐繁衍；自功業來者，如盆檻中花，便有遷徙興廢；若以權力得者，如瓶缽中花，其根不植，其萎可立而待矣。」這些話的意思是：一個人的榮華富貴，如果是因為施行仁義道德而得來的，就會像生長在大自然中的花一樣，不斷繁衍生息，沒有絕期；如果是從建立的功業中得來的，就會像栽在花缽中的花一樣，因移動或環境變化而凋謝；若是靠權力霸占或謀私所得，那這富貴榮華歆會像插在花瓶中的花，因為缺乏生長的土壤，馬上就會枯萎。這就告訴我們，沒有道德修養，僅靠功名、機遇或者是非法手段求得的福，千萬要警惕。它們不是不能長久，轉瞬即逝，就是意味著災難，伴隨著毀滅。只有那些德性高尚的人，才能領悟個中道理，保住一生平安。

還是洪應明老先生說得對：「勢利紛華，不近者為潔，近之而不染者為尤潔；智械機巧，不知者高，知之而不用者為尤高。」這話的意思就是：面對誘人的榮華富貴和炙手的權勢、名利，能夠毫不為之動心的人，其品格是高潔的；而接近了富貴和權勢名利卻不沾染一絲奢靡之習氣的，這種品格就更為高潔了。不知道投機取巧玩弄權術的手段的人，固然是清高的；知道了卻不去採用它，這種人無疑是最清高的。也就是說，面對榮華富貴，不被這些東西迷惑，能潔身自好的人，就不會受到玷辱，就能平安無事。

不入名利牢籠，心中則無牢

　　淡泊名利、無求而自得，是一個人走向成功的起點。促使人追求進取的是金錢名利，阻礙人向前邁進的是金錢名利，使人墜入萬丈深淵的也是金錢名利。所以，人生在世，千萬不要把金錢名利看得太重，如此方能超然物外，活得輕鬆快樂。

第三章　用捨心對待貪欲，用淡泊應對誘惑

誘惑面前需要保持一顆平常心

誘惑就如吸毒一樣，一旦染上，你就很有可能在那漩渦裡無法自拔。誘惑是很吸引人的東西，但也如利劍一樣能傷人，不是所有人都能夠抵擋誘惑，也不是所有人都可以逃離陷阱。

我們每個人一生會遇到很多誘惑與陷阱。要麼是我們被別人誘惑，要麼我們去誘惑別人。其實每個人都經受不住誘惑，只是每個人被誘惑的底線不同。

有的人也許克制住自己潛在欲望與內在的野心。有些人卻很難管住自己，明知是泥塘，是深淵，也要往下跳。有了誘惑的第一步，當然就有陷阱。既然別人幫你得到了你想要的，又得到了你所期盼的物質與權力、地位，你總得付出點什麼吧，也要補償別人些什麼。縱使別人不說，但你自己內心又有多少可以承受與接納的底線？

這個社會越來越開放，越來越均衡發展，無論你是誘惑別人，還是迷惑你自己，找到本我最重要，不然到頭來你會在誘惑的陷阱裡麻痺與挫敗。

誘惑面前需要保持一顆平常心

據說，東南亞一帶有一種捕捉猴子的方法非常有趣。當地人將一些美味的水果放在箱子裡面，再在箱子上開一個小洞，大小剛好讓猴子的手伸進去。猴子經不住箱子中水果的誘惑，抓住水果，手就抽不出來，除非牠把手中的水果丟下。但大多數猴子恰恰不願丟掉到手的東西，以致當獵人來到的時候，不需費什麼氣力，就可以很輕易地捉住牠們。

其實，人又能比猴子高明多少呢？現實生活中許多人無法抗拒諸如金錢、權力、地位的誘惑，沉迷其中而不能自拔。誘惑是個美麗的陷阱，落入其中者必將害人害己，無法自救；誘惑又是枚糖衣砲彈，無分辨能力者必定被擊中；誘惑還是一種致命的病毒，會侵蝕每一個缺乏免疫力的大腦。

經不住金錢誘惑者，信奉金錢至上，金錢萬能。說什麼「金錢主宰一切」，「除了天堂的門，金子可以叩開任何門」等。他們視金錢為上帝，不擇手段去得到它。他們一邊用損壞良心的辦法賺錢，一邊又用損害健康的方法花錢。錢越多的人，內心的恐懼越深重，他們怕偷，怕搶，怕被綁票。他們時時小心，處處提防，惶惶然終日，寢食難安。恐懼的壓力造成心理嚴重失衡，哪裡有快樂可言？其實，錢財乃身外之物，生不帶來死不帶走，應該取之有道，用之有度。金錢也並非萬能，健康、友誼、愛情、青春等都無法用金錢購買。金錢是一個很好的奴隸，但卻是一個很壞的主人，我們應該做金錢的主人，而不應該淪為它的奴隸。

第三章　用捨心對待貪欲，用淡泊應對誘惑

落入權勢誘惑之陷阱者，終日處心積慮，熱衷於爭權鬥勢，一朝不慎就會成為權力傾軋的犧牲品，永生不得翻身。結黨營私，各樹黨羽，明爭暗鬥，機關算盡，到頭來算來算去算自己。過於沉迷權勢的人，為了保住自己的「烏紗帽」，處處阿諛奉承，事事言聽計從，不僅失去了做人的尊嚴，更不用說有什麼做人的快樂了！

經不住美色誘惑者，流連忘返於脂粉堆中，醉生夢死於石榴裙下。古往今來，不知有多少王侯將相的前程斷送在聲色之中。君不見，李隆基因了一介楊玉環，終日不理朝政，最終導致權奸作亂，好端端一個開元盛世頃刻間土崩瓦解。吳三桂為了一個陳圓圓，衝冠一怒為紅顏，引清兵入關，留下千古罪名。

「塞翁失馬，焉知非福」。這世界的遊戲規則也是相同的，有得有失。當你接受一種誘惑時，隨之而來的就是某些變故與失落，你一定要考慮好，誘惑背後是什麼，對你的未來是永遠的平坦，還是暫時的輝煌。

這個世界太浮躁，有太多的誘惑，一不小心就會掉入這個美麗的陷阱。所以，為人一定要堅守本分，保持一顆平常心，拒誘惑於門外。

天上掉下的餡餅就是最大的陷阱

　　世界上沒有免費的午餐，便宜的背後一定是偽裝的陷阱。整天幻想天上能掉下個大餡餅的人，只會在消極的等待中喪失生命的活力和光彩。

　　人們從小就受到這樣的教育：不勞而獲可恥，不勞動者不得食。其實，這樣簡單的道理人人都懂，但是未必人人都能做到真正地去「勞動」。

　　現實生活中就有這樣一些人，他們厭惡勞動，不想付出任何辛苦，只是幻想哪天「天上能掉下個大餡餅」砸到自己身上，自己可能出門撿到錢包，可能買樂透中了大獎，一夜暴富。實際上，對於一些人來講，暴富倒未必是好事，因為一個人的所得如果不是靠勞動換來的，他是不會珍惜的。因為來得容易可能會去得更快。因此，從某種意義上說，暴富比貧窮更危險。

　　世界上沒有白白獲得的東西，成功不會從天而降，需要自己去爭取，去尋求，去創造。守株待兔得來的永遠只有一隻兔子，只有積極地行動，才會獲得成百上千隻兔子。

第三章　用捨心對待貪欲，用淡泊應對誘惑

在西方流傳著這樣一個故事：

許多年前，一位聰明的國王召集了一群聰明的臣子，給了他們一個任務：「我要你們編一本各時代的智慧錄，好流傳給子孫。」這些聰明人離開國王後，工作了很長的一段時間，最後完成了一本十二卷的鉅作。

國王看了以後說：「各位先生，我確信這是各時代的智慧結晶，然而，它太厚了，我怕人們不願讀，把它濃縮一下吧。」這些聰明人又長期努力地工作，幾經刪減之後，完成了一卷書。然而，國王還是認為太長了，又命令他們再濃縮，這些聰明人把一卷書濃縮為一章，又濃縮為一頁，然後減為一段，最後變為一句話。

聰明的老國王看到這句話後，顯得很滿意。「各位先生，」他說，「這真是各時代智慧的結晶，並且各地的人一旦知道這個真理，我們大部分的問題就可能解決了。」

這句話就是：「天下沒有白吃的午餐」。這則故事告訴人們這樣一個道理：沒有積極的行動，你就與成功無緣。

現實生活的大道上，你多少會遇到一些陷阱，而這些陷阱之中最為可怕的一種是你親手為自己挖掘的──因為貪心，你會忽略你的弱點，不顧一切去滿足你的欲望。這時，即使危險擺在你面前，你也無法去理會、去避讓，貪心遮住了你的雙眼，使你無法看到危險所在。

當你看到誘人的東西時，你能遏制心中的貪念嗎？有的人認為貪婪是人的本性，其實貪婪只是人的弱點，關鍵在於

你能否掌控自己的心。大千世界，萬種誘惑，一個人若什麼都想要，定會把自己累死，該放就放，不要貪心，集中精力抓住生命中最重要的東西就好。

魚媽媽帶著小魚們在池塘裡覓食，忽然牠們前面出現了一個彎彎的東西，還散發出一陣陣誘人的香味。

「那一定是好吃的。」一條小魚說著就準備搶前一步去吃。

魚媽媽趕緊攔住這條淘氣的小魚：「慢著，這不是可口的食物，它是釣魚人放下來的誘餌！」

小魚又問媽媽：「你怎麼知道它是誘餌呢？再說我也沒有看見鉤啊！我要怎麼樣才能吃到這美味的食物呢？」

魚媽媽說：「釣鉤就在裡面，你是看不見的。如果你要去吃它，你就得冒著被人捕食的危險，所以還是離它遠一點。」

「可是它就在眼前，輕而易舉地就可以吃到了。怎麼才能不費力又能吃到這種美味呢？」小魚還是不死心。

「我的孩子，」魚媽媽耐心地說：「這是不可能的，保證自己安全的最好辦法就是不要去碰它，如果你一定要去品嘗這美味，你將會付出生命的代價。所以你們絕對不能去碰它！」

小魚點點頭，「那我們怎麼知道它裡面有沒有釣鉤呢？」小魚接著問道。

「其實我剛剛都已經說了啊！」魚媽媽說，「一種你不用付出任何努力，輕而易舉的就能吃到的可口美味，裡面就很可能有釣鉤。」

人生只是一段平平常常的旅程，毫不奢華。我們不滿足，只是因為我們的貪婪，只是因為我們忘記了平常生活所蘊含的美好和珍貴。而真正的人生是一種對紛繁誘惑的滌蕩，對生命的透澈領悟，以及一種內心坦蕩明朗的境界。

生活中很少會發生天上掉餡餅的好事，當你想不付出勞動卻妄想好事降臨時，往往等待你的是巨大的陰謀。貪心的人很像沙漠中的不毛之地，吸收一切雨水，卻不滋生草木以方便他人。當你貪婪地想擁有一切的時候，或許那正是你將失去一切的時候。

當你想占有什麼的時候，煩惱就此開始

誰能讓自己的欲望小一些，誰就會活得輕鬆，過得自在，真正地擺脫心理的貧窮。

有位哲人曾說：「人之所以痛苦，不是因為擁有的太少，而是想要的太多。」正是因為欲望太多，從而造成心理貧窮。

其實我們每個人擁有的財物，無論是房子、車子或者是其他的物品……無論是任何有形的還是無形的，沒有一樣是你的，那些東西都是暫時寄存在你這裡。有的讓你暫時使用，有的讓你暫時保管而已，到最後，物歸何主都不得而知。所以智者把這些財富都視為身外之物，而貪婪者卻把它們視為珍寶，到最後卻往往是一無所獲。

這裡講一個有關兩個貪婪者的故事：

以前，有兩位很虔誠、很要好的教徒，決定一起去朝聖。兩人背上行囊、風塵僕僕地上路，誓言不達聖山，絕不回家。

兩位教徒走啊走，走了兩個多星期之後，遇見一位白髮

第三章　用捨心對待貪欲，用淡泊應對誘惑

年長的聖者。這聖者看到這兩位如此虔誠的教徒千里迢迢要前往聖山朝聖，就十分感動地告訴他們：「從這裡距離聖山還有十天的腳程，但是很遺憾，我在這十字路口就要和你們分別了。而在分開前，我要送給你們一個禮物！什麼禮物呢？就是你們當中一個人先許願，他的願望一定會馬上實現；而第二個人，就可以得到那願望的兩倍！」

此時，其中一個教徒心裡想：「這太棒了，我已經知道我想要許什麼願，但我不要先講，因為如果我先許願，我就吃虧了，他就可以有雙倍的禮物！不行！」而另外一個教徒也想：「我怎麼可以先講，而讓他獲得加倍的禮物呢？」於是，兩位教徒就開始客氣起來，彼此推來推去，「客套地」推辭一番後，倆人就開始不耐煩起來，氣氛也變了：「你幹嘛？你先講！」「為什麼我先講？我才不要呢？」

兩人推到最後，其中一人生氣了，大聲說道：「喂，你真是個不識相、不知好歹的人，你再不許願的話，我就把你的狗腿打斷、把你掐死！」

另外一人一聽，沒有想到他的朋友居然變臉，竟然來恐嚇自己！於是想，你這麼無情無意，我也不必對你太有情有義！我沒辦法得到的東西，你也休想得到！

於是，這一教徒乾脆把心一橫，狠心地說道：「好，我先許願！我希望—— 我的一隻眼睛瞎掉！」

很快地，這位教徒的一隻眼睛馬上瞎掉，而與他同行的好朋友，兩隻眼睛也立刻都瞎掉了。

原本禮物非常美好，可以使兩位好朋友互相共享，但是人的貪念與嫉妒，左右了他們心中的情緒，所以使得祝福變成詛咒、使好友變成仇敵，更讓原來可以雙贏的事，變成兩人瞎眼的雙輸！

如果他們每個人都有知足者常樂的心態，抱著有美好的禮物總比沒有好的態度，不在乎多少，他們最終也不會有這樣悲慘的結局。但知足並不表示不進取，物質上要知足常樂，但追求上要不斷向前。物質上永不知足是一種病態，其病因多是權力、地位、金錢之類引發的。這種病態如果發展下去，就是貪得無厭，其結局是自我爆炸、自我毀滅。

然而，在現實生活中我們所擁有的，並不是太少，而是欲望太多。欲望太多的結果，就使自己不滿足、不知足，甚至憎恨別人所擁有的，或嫉妒別人比我們更多，以致心裡產生憂愁、憤怒和不平衡。有的時候，放棄也是一種幸福。因而要減輕欲望，獲得幸福，就要懂得放棄。而外在的放棄讓你接受教訓，心裡的放棄讓你得到解脫，從而心裡變得安寧。

有的時候在利益面前，不要總想著擁有，人生也需要放棄。放棄是一門藝術。在物欲橫流的今天，需要你作出選擇努力擁有，但更多的時候則是學會放棄。與其說是抉擇得當，不如說是放棄得好。人生苦短，要想獲得越多，就得放

第三章　用捨心對待貪欲，用淡泊應對誘惑

棄越多。要懂得魚和熊掌不可兼得的道理。那些什麼都不放棄的人，是不可能有多少獲得的。其結果必然是對自身生命的最大的放棄，讓自己的一生永遠處在碌碌無為之中。

放棄是一種讓步，但讓步不是退步。放棄是量力而行，明知得不到的東西，何必苦苦相求，明知做不到的事，何必硬撐著去做呢？放棄更需要明智，該得時你便得之，該失時你要大膽地讓它失去。有時你以為得到了但可能失去的更多；有時你以為失去了不少，卻有可能獲得許多。不以得喜，不以失悲，儘自己最大的努力去做，該放則放。

托爾斯泰說：「欲望越小，人生就越幸福。」這話，蘊含著深邃的人生哲理。卡內基也曾說：「要是我們得不到我們希望的東西，最好不要讓憂慮和悔恨來苦惱我們的生活。且讓我們原諒自己，學得豁達一點。」根據古希臘哲學家艾皮科蒂塔的說法，哲學的精華歟是：一個人生活上的快樂，應該來自盡可能減少對外來事物的依賴。羅馬政治學家及哲學家塞尼加也說：「如果你一直覺得不滿，那麼即使你擁有了整個世界，也會覺得傷心。」且讓我們記住，即使我們擁有整個世界，我們一天也只能吃三餐，一次也只能睡一張床。

「身外物，不奢戀。」這是知足常樂者的智慧，這是超越世俗的大智大勇，也是放眼未來的豁達襟懷。誰如果能做到這一點，誰就會活得輕鬆、過得自在，真正地擺脫心理的貧窮。

控制不了自己的欲望，
遲早變成它的奴隸

欲望就像一條鎖鏈，一個牽著一個，永遠都不會滿足。我們每個人都有欲望，但欲望太多了，人就會變得疲憊不堪，更無法靜下心來去做真正想做的事。所以，欲望是需要控制的，幸福的人其實是知道控制自己內心欲望的人，不會被欲望牽著鼻子走。

這是一個極具誘惑力的社會，這是一個欲望膨脹的年代，人們的心裡總是塞滿欲望和奢求。追名逐利的現代人，總是奢求穿要高檔名牌，吃要山珍海味，住要鄉間別墅，行要寶馬香車。一切都被欲望支配著。

法國傑出的啟蒙哲學家盧梭曾對物欲太盛的人作過極為恰當的評價，他說：「十歲時被點心、二十歲被戀人、三十歲被快樂、四十歲被野心、五十歲被貪婪所俘虜。人到什麼時候才能只追求睿智呢？」的確，人心不能清淨，是因為欲望太多，欲望的溝壑永遠填不滿，人心永不知足，沒有家產想家產，有了家產想當官，當了小官想大官，當了大官想成仙……精神上永無寧靜，永無快樂。

第三章　用捨心對待貪欲，用淡泊應對誘惑

偉大的作家托爾斯泰曾講過這樣一個故事：

有一個人想得到一塊土地，地主就對他說：「清早，你從這裡往外跑，跑一段就插個旗杆，只要你在太陽落山前趕回來，插上旗杆的地都歸你。」那人就不要命地跑，太陽偏西了還不知足。太陽落山前，他是跑回來了，但人已精疲力竭，摔個跟頭就再沒起來。於是有人挖了個坑，就地埋了他。牧師在給這個人做祈禱的時候說：「一個人要多少土地呢？就這麼大。」

人生的許多沮喪都是因為你得不到想要的東西。其實，我們辛辛苦苦地奔波勞碌，最終的結局不都是只剩下埋葬我們身體的那點土地嗎？伊索說得好：「許多人想得到更多的東西，卻把現在所擁有的也失去了。」這可以說是對得不償失最好的詮釋了。

人人都有欲望，都想過美滿幸福的生活，都希望豐衣足食，這是人之常情。但是，如果把這種欲望變成不正當的欲求，變成無止境的貪婪，那我們就無形中成了欲望的奴隸了。在欲望的支配下，我們不得不為了權力，為了地位，為了金錢而削尖了腦袋向裡鑽。我們常常感到自己非常累，但是仍覺得不滿足，因為在我們看來，很多人比自己的生活更富足，很多人的權力比自己大。所以我們別無出路，只能硬著頭皮往前衝，在無奈中透支著自己的體力、精力與生命。

控制不了自己的欲望，遲早變成它的奴隸

　　捫心自問，這樣的生活，能不累嗎？被欲望沉沉地壓著，能不精疲力竭嗎？靜下心來想一想，有什麼目標真的非得讓我們實現不可，又有什麼東西值得我們用寶貴的生命去換取？朋友，讓我們斬除過多的欲望吧，將一切欲望減少再減少，從而讓真實的欲求浮現。這樣，你才會發現真實的、平淡的生活才是最快樂的。擁有這種超然的心境，你就能做起事來，不慌不忙，不躁不亂，井然有序。面對外界的各種變化不驚不懼，不慍不怒，不暴不躁。面對物質引誘，心不動，手不癢。沒有小肚雞腸帶來的煩惱，沒有功名利祿的拖累，活得輕鬆，過得自在。白天知足常樂，夜裡睡覺安寧，走路感覺踏實，驀然回首時沒有遺憾。

　　古人云：「達亦不足貴，窮亦不足悲。」當年陶淵明荷鋤自種，嵇叔康樹下苦修，兩位雖為貧寒之士，但他們能於利不趨，於色不近，於失不餒，於得不驕。這樣的生活，也不失為人生的一種極高境界！

　　人生好像一條河，有其源頭，有其流程，有其終點。不管生命的河流有多長，最終都要到達終點，流入海洋，人生終有盡頭。活著的時候，少一點欲望，多一點快樂，有什麼不好？

第三章　用捨心對待貪欲，用淡泊應對誘惑

為人處世不要只看眼前利益，眼界要寬一點

一個人只顧眼前的利益，只能得到短暫的歡愉；一個目標高遠的人，卻懂得選擇與放棄的關係，用自己的付出換來永遠的幸福。請把你的目光放得長遠一些，沒有哪個人或企業是因為短視而成功的。誰的眼界更寬，誰能多看幾步，誰就將笑到最後。

一個人要學會放棄，放棄你不想做的事；一個人也要學會選擇，選擇你喜歡並擅長做的事。該放棄的時候放棄，這便是人生最好的選擇。

歌德說：「生命的全部奧祕就在於為了生存而放棄生存。」放棄是一門選擇的藝術，是人生的必修課。沒有果敢的放棄，就沒有輝煌的選擇。與其苦苦掙扎，拚得頭破血流；不如瀟灑地揮手，勇敢地選擇放棄。

人生在世，有許多東西是需要不斷放棄的。在仕途中，放棄對權力的爭奪，得到的是寧靜與淡泊；在淘金的過程中，放棄對金錢無止境的追逐，得到的是安心和快樂；在利益面前，放棄眼前的小利，得到的將是長遠的大利。

一個青年非常羨慕一位富翁取得的成就，於是跑到富翁那裡詢問他成功的訣竅。

富翁弄清楚了青年的來意後，什麼也沒有說，轉身到起居室拿來了一個大西瓜。青年迷惑不解地看著，只見富翁把西瓜切成了大小不等的3塊。

「如果每塊西瓜代表一定程度的利益，你會如何選擇呢？」富翁一邊說，一邊把西瓜放在青年面前。

「當然是最大的那塊！」青年毫不猶豫地回答，眼睛盯著最大的那塊。

富翁笑了笑：「那好，請用吧！」

富翁把最大的那塊西瓜遞給青年，自己卻吃起了最小的那塊。青年還在享用最大的那一塊的時候，富翁已經吃完了最小的那一塊。接著，富翁得意地拿起剩下的一塊，還故意在青年眼前晃了晃，大口吃了起來。其實，那塊最小的和最後一塊加起來要比最大的那一塊大得多。

青年馬上就明白了富翁的意思：富翁吃的瓜雖沒自己的大，卻比自己吃得多。如果每塊代表一定程度的利益，那麼富翁贏得的利益自然比自己多。

吃完西瓜，富翁講述了自己的成功經歷。最後，他語重心長地對青年說道：「要想成功就要學會放棄，只有放棄眼前利益，才能獲得長遠利益，這就是我的成功之道。」

三個年輕人一同結伴外出，尋求發財機會。

第三章　用捨心對待貪欲，用淡泊應對誘惑

在一個偏僻的山鎮，他們發現了一種又紅又大、味道香甜的蘋果，由於地處山區，消息、交通都不發達，這種優質蘋果僅在當地銷售，售價非常便宜。

第一個年輕人立刻傾其所有，購買了10噸最好的蘋果運回家鄉，以比原價高兩倍的價格出售。這樣往返數次，他成了家鄉的第一名萬元戶。

第二個年輕人用了一半的錢，購買了100棵最好的蘋果樹苗運回家鄉，承包了一片山坡，把果苗栽種上。整整3年的時間，他精心看護果樹，澆水灌溉，沒有一分錢的收入。

第三個年輕人找到果園的主人，用手指指著果樹下面，說：「我想買些泥土。」

主人一愣，接著搖搖頭說：「不，泥土不能賣。賣了還怎麼長果？」

第三個年輕人彎腰在地上捧起滿滿一把泥土，懇求說：「我只要這一把，請你賣給我吧。要多少錢都行！」

主人看著他，笑了：「好吧，你給1塊錢拿走吧。」

他帶著這把泥土返回家鄉，把泥土送到農業科技研究所，化驗分析出泥土的各種成分、溼度等。然後，他承包了一片荒山坡，用了整整3年的時間，開墾、培育出與那把泥土一樣的土壤。然後，他在上面栽種上蘋果樹苗。

結果，10年過去了，這3位一同結伴外出、尋求發財之路的年輕人的命運卻迥然不同。

第一位購買蘋果的年輕人現在每年依然還要去購買蘋

果,運回來銷售;但是因為當地消息和交通已經很發達,競爭者太多,所以每年賺的錢很少,有時甚至不賺或者賠錢。

第二位購買樹苗的年輕人早已擁有自己的果園,因為土壤不同,長出來的蘋果有些遜色,但是仍然可以賺到相當的利潤。

第三位購買泥土的年輕人,也是最後擁有並收穫蘋果的人,他種植的蘋果果大味美,和原來的蘋果相比不相上下,每年秋天引來無數的購買者,總能賣到最好的價格。

我們發現眼前的利益就是最大和最好的,但等到我們把事情做完後才發現,原來還要耗費那麼多的精力和時間。而如果用同等的精力和時間去做別的事情,雖然一下子沒有那麼多的利益,但是做的事情卻多得多,總利益也比做一件事情要多得多。所以,只有放棄眼前的蠅頭小利,才能獲得長遠的大利。

在現實生活中不同的人有不同的眼光,只顧眼前利益的人,雖然會暫時表現得相當出色,但是卻缺少一種對未來的掌握和規劃能力。只有懂得捨棄眼前的小利的人,才有可能登上人生境界的頂峰,獲得長遠的大利。

選擇其實就是一個「放」與「取」的過程。該放什麼,該取什麼,說到底是一種人生藝術。放棄就是為了更好地選擇。只要你在自己的人生道路上,找到適合自己的人生座標,你就能夠充分發揮自己的聰明才智,改變你自己的命運,從而到達成功的彼岸。

第三章 用捨心對待貪欲,用淡泊應對誘惑

第四章

不輕易發脾氣，
絕對不生悶氣

在人際交往中遇到雞毛蒜皮的小事時，大發雷霆，斤斤計較，只會破壞了人與人之間的和睦相處。聰明人的做法就是：視而不見，充耳不聞，永遠保持頭腦的清醒，遇事多問幾個為什麼，不輕易發脾氣。要做一個快樂而聰明的自己，就要學會享受快樂的人生，不為小事而煩惱或生氣，不要追根究柢地去糾正它。

第四章　不輕易發脾氣，絕對不生悶氣

為小事大動肝火，傷人又害己

　　為了小事發脾氣，回頭想想又何必。別人生氣我不氣，氣出病來無人替……遇到再可氣的事情，也要千方百計保持克制，不可因為一時衝動，毀掉自己的前程；尤其是為一些雞毛蒜皮的小事，更不值得大動肝火。

　　人與人相處，難免會發生衝突與摩擦。當別人嘲諷你、攻擊你時，你可以反唇相譏、針鋒相對，但結果必定是大家都生氣。如果因為一些小事情而大動肝火，是很不值得的。學會不為小事生氣，用寬容的心去說服對方，你才能贏得對手與眾人的尊重。

　　生意人最常說的一句話是「和氣生財」，因為做生意只有脾氣好一點，說話態度和氣一些，顧客才會心裡舒服，願意買你的東西。相反，總是一副生氣的表情，不僅賺不到錢，也很難做成大事。這正應了農村的一句諺語：「好活計不如好脾氣，好買賣全靠一張嘴。」

　　人的行為其實是可以相互影響的，如果你是一個面帶微笑、講話和氣的人，別人跟你說話時也會客客氣氣的，語調

也會很友好。如果你不會說和氣話，別人也就不願意對你態度好。

小李夫妻倆在一家飯店旁邊開了一家小店。經常有顧客到小李的店裡買完東西後，就把車停在店門口，到餐廳裡吃飯。這天中午，小李和妻子正在吃午飯，店門前來了一輛賓士車，車子停到店門口，一位中年男人在小李的店裡買了一包菸，然後就要到旁邊的餐廳裡去吃飯。

小李的妻子見狀，連忙跑出門叫住了那個男人：「老闆，麻煩你把車子移一下吧，你的車擋在我家的店門口了。」中年男人不想移車，隨口說道：「我吃完飯很快就回來，不耽誤你們做生意。」小李的妻子聽完後很生氣：「你這個人怎麼這樣？開個賓士有什麼了不起，快點把車挪開！」中年男人也不示弱：「你說對了，我就是很了不起！我愛停哪就停哪，你管得著嗎！」兩個人你一言我一語互不相讓地吵了起來。兩人越吵聲音越大，周圍的人紛紛駐足圍觀。有幾個路人本來想來小店買菸，一看這架勢便紛紛繞道往別處去了。

小李一見這種情況，趕緊從店裡走了出來，對妻子說：「行了，我們開門做生意講究和氣生財，犯不著為這點小事和客人吵架。」隨後，小李從口袋裡掏出一包菸微笑著遞給中年男人：「老闆，不好意思，我老婆她脾氣不太好，還請您多擔待。」

中年男人接過菸，沒有說話。小李接著說：「這車真不錯，你一定是大公司的老闆吧？」「也不算太大。」中年男人

第四章　不輕易發脾氣，絕對不生悶氣

的語氣已經緩和多了。「別謙虛了，您的公司怎麼也比我們這家小店強，我們也就是混口飯吃。」小李說。

「都一樣，大家都不容易……」那男子把手中的菸還給了小李，看了看自己的車子說，「我的車停在這裡，確實會影響你的生意，我倒開吧。」小李趕緊跑到車後面，指揮著「倒，倒，倒……停」，協助他重新停車。就這樣，一場衝突平息了，一切又恢復了正常。

身為生意人，最忌諱的就是與顧客針鋒相對地爭吵。當顧客情緒激動的時候，你不應該告訴顧客他錯在了哪裡，而是要避其鋒芒，先穩定住顧客的情緒，再讓顧客心平氣和地聽自己講道理。

面對中年男人的不合作態度，小李的妻子選擇用感性的方式來解決問題，毫不掩飾自己的氣憤，結果雙方越說越僵。而小李則非常理性和圓滑，儘管事情錯不在自己，他還是本著「以和為貴」的原則，控制住自己的脾氣，努力促使事態向著緩和的方向發展。他以和氣的口吻與中年男人溝通，求得對方的理解和讓步，使事情得以順利解決，車子挪開了，生意繼續做，雙方皆大歡喜。

生活中，我們經常也會遇到類似的情況。當他人的做法不合理、甚至不講理時，如果一味地採用強硬的態度、責問的方式去溝通，只會激起對方的抗拒情緒，結果事情越鬧越僵，一旦出現不可收拾的局面，對雙方都沒有好處。

做人,就要有好脾氣,學會說軟話。只要是不涉及原則利益的問題,就要使氣氛盡量和諧一些,不要因為一時之氣引起衝突而影響大局。

第四章　不輕易發脾氣，絕對不生悶氣

生氣就是拿別人的錯誤來懲罰自己

別人犯錯，他理應受到懲罰；你自己生氣，則是對你自己的一種懲罰。然而大多數時候，別人沒犯錯，你自己也會因為生氣而受到懲罰。

大家都知道生氣是無知又無濟於事的方式，可是又奈何不了它。正因為缺少度量和悟性，放不下得失之心，人才會生氣。從某種意義上說，生氣是用別人的過錯來懲罰自己的蠢行。既然如此，何苦要生氣呢？

1940年代，德裔美國科學家愛因斯坦由於提出相對論而引起廣泛的關注。但在當時，伴隨著莫大的榮譽和耀眼光環的是眾多科學家的一片質疑聲。隨著時間的推移，越來越多的科學家加入了反對的行列，繼而是對愛因斯坦及其相對論進行的一系列猛烈的抨擊。反對者召集了一百位當時頗具名望的科學家聯名證明相對論是謬論，是無稽之談。這種質疑和抨擊愈演愈烈，最後變成了對愛因斯坦人身和人格的攻擊。反對者在多個公開場合大放厥詞：愛因斯坦是個瘋子，是個毫無出息的傻瓜，是個一心只想出名的白痴……

記者會上，好事的記者當然不會放過這個機會，追問愛

因斯坦對此事如何看待,準備怎麼反擊,愛因斯坦微笑著說:「一百位?如果能證明我的確錯了,一位就可以了!」會場裡頓時掌聲雷動。

愛因斯坦對於那些科學家的質疑、謾罵和羞辱真的一點都不生氣嗎?答案是否定的,沒有人會對此無動於衷。但是他很清楚,生氣、憤怒只會給自己平添煩惱,只會招致更多的非議,只會讓那些反對者在笑聲中舉杯慶賀他們計畫得逞。所以他妥善地控制住了自己的滿腔怒火,沒有讓自己成為憤怒的犧牲品。在事隔多年後,那些反對者當中的一位略帶調侃地說了這麼一句話:「時間證明愛因斯坦是獲勝者,我們是失敗者,我們讓一個微笑打敗了!」

無獨有偶,西方有個政治家也非常懂得使用這個方法——當有人罵他時,他先是沉默;等到對方罵完時,他則微笑著說:「對不起,您剛才說的我沒聽清楚,麻煩再說一遍?」沒有人會不厭其煩地終日罵人吧?所以,當我們受到質疑、誤解、謾罵、甚至羞辱時,請不要生氣。微笑一下吧,其他的都交給時間去解決!

其實不僅不能對周圍的人生氣,對於周圍的環境也不能生氣,要盡量保持一顆平和的心。

一頭因為賭氣而離家出走的駱駝在沙漠裡艱難地跋涉著。中午的太陽像一個大火球,炙烤著大地。駱駝又餓又渴,焦躁萬分,一肚子火氣不知道該往哪發才好。

第四章　不輕易發脾氣，絕對不生悶氣

就在這時，駱駝的腳掌被一塊玻璃瓶的碎片硌了一下，牠頓時火冒三丈，咬牙切齒地罵道：「去死吧！」隨即抬起右腳狠狠地將碎片踢了出去，由於用力過猛，一不小心將本來厚實的腳掌劃開了一道深深的口子，殷紅的鮮血頓時染紅了腳下的沙粒。

氣急敗壞的駱駝一瘸一拐地向前走著，地上的血跡引來了空中的禿鷲。牠們歡叫著在天空中盤旋。「莫非牠們要等我的血流乾後，來吃我的肉？」駱駝心裡一驚，不顧傷勢狂奔起來，沙漠上留下了一條長長的歪歪扭扭的血痕。跑到沙漠邊緣時，好不容易擺脫了禿鷲的騷擾，可誰知濃重的血腥味又引來了附近沙漠裡的狼，疲憊加之失血過多，虛弱的駱駝只得像隻無頭蒼蠅般東躲西藏，倉皇之中跑到了一處食人蟻的巢穴旁。濃烈的血腥味惹得食人蟻傾巢而出，瘋狂地向駱駝撲過去。眨眼間，食人蟻就像一床黑色的棉被把駱駝裹了個密不透風。頃刻之間，可憐的駱駝轟然倒地。

臨死前，這個龐然大物後悔莫及，喟然長嘆道：「為什麼我要跟一塊小小的碎玻璃過不去呢？」

看完這個故事後，相信你一定會有所頓悟。是啊，何必生氣呢？這隻駱駝因控制不住自己憤怒的情緒，在受到一連串的傷害後，最終走向了毀滅。可嘆可悲！

現實生活中不乏像駱駝這樣容易生氣的人。每個人一路上總會有或大或小的坎坷不平、或輕或重的跌跌撞撞，總會有各種不如意。面對這些坎坷不平、跌跌撞撞以及不如意，

生氣就是拿別人的錯誤來懲罰自己

如果只是一味地生氣，你的生活中將永無晴日，而你也將會在無休止的壓抑中消極度日。

許多時候，我們往往做拿別人的錯誤來懲罰自己的傻事，在懲罰自己的時候，又達不到糾正別人錯誤的目的。這種生氣，並不能使別人做出什麼改變，你也不會因此而愉快。既然如此，何必怒氣沖沖呢？與其拿別人的錯誤來懲罰自己，倒不如在別人的缺陷前顯現自己良好的品德與修養。

第四章　不輕易發脾氣，絕對不生悶氣

無謂地生氣不如理智地爭氣

　　嚥下這口怨氣，並不代表你懦弱無能，相反，能顯示出你的涵養和大度，為你創造更多有利條件，從而為自己爭取到更多的機會。

　　當你歷盡艱辛，透過周密的考慮，準備要實施某項計畫時，卻不能得到他人的理解。此時冷嘲熱諷圍繞著你，讓你寢食不安，坐臥不寧，傷心痛苦至極，你會有所埋怨，自暴自棄，從而放棄自己以前的努力嗎？萬萬不能！那樣你不僅會前功盡棄，還會造成別人對你的誤解。你要任勞任怨，力求獲得他人的理解，力爭讓計畫變為現實，事實是替你辯解的最好證據。

　　江濤剛從某大學英文系畢業，自認為英文水準已經達到爐火純青的地步，無論聽、說、讀、寫，對他來說都只是雕蟲小技。他認為自己是就業市場中的績優股，有很多選擇工作的機會，肯定人人搶著要。於是，他便寄了很多英文履歷到一些很不錯的外商公司去應徵。他想像著自己被多家公司爭搶的局面，心裡愈加得意。

　　然而，時間一天天過去了，江濤投遞出去的履歷猶如石

沉火海一般，杳無音信，他開始忐忑不安起來。恰巧就在此時，他收到了其中一家公司的來信，迫不及待地打開，不禁愣在那裡。原來信中內容不是對他的特意邀請，而是對他尖刻的譏諷。信裡刻薄地提到：「我們公司並不缺人，就算職位奇缺，也不會僱用你。雖然你認為自己的英文程度已經相當不錯，但是從你寫的履歷看來，你的英文寫作能力只能跟一名程度較差的高中生相提並論，連一些常用的文法也錯誤百出。」

江濤看了這封信後，氣得火冒三丈，好歹自己在學校一直都名列前茅，怎麼可以任人將自己批評得體無完膚、一文不值！他越想越氣，立刻提起筆來，打算寫一封回信，把對方痛罵一番，以消除自己心中無盡的怨氣。

正當江濤準備下筆之際，卻忽然猶豫起來。他想，別人不可能無緣無故寫信批評他，事出有因，也許自己真的太過於自信，犯了一些不易察覺的錯。這樣一想，他的怒氣漸漸平息，自我反省了一番後，反而覺得應該感謝一下這家公司，因為它指出了自己的不足之處，讓他能夠清醒地重新審視自己，於是便寫了一封感謝信給這家公司，用字遣詞誠懇真摯，把自己的感激之情表露無遺。幾天後，江濤再次收到這家公司寄來的信函，出乎意料的是他被這家公司錄取了。

證嚴法師曾說過：「很多人常說，要爭一口氣，其實，真正有功夫的人，會把這口氣嚥下去。」

很多人往往只看得見別人的過錯，看不見自己的缺陷，

第四章　不輕易發脾氣，絕對不生悶氣

面對別人的指責，也常常不加自省，反倒怨氣沖天，以惡言同擊來掩飾自己的心虛。

麥金利任美國總統期間，曾因一項人事調動而遭到許多議員政客的強烈指責。在接受代表質詢時，他遭到一位脾氣暴躁的國會議員的責罵。但麥金利卻若無其事地一聲不吭，聽憑這位議員大放厥詞。待這位國會議員發洩完，稍微平靜一些之後，他才用極其委婉的口氣說：「現在你的怒氣平和了吧？照理說你是沒有權利責問我的，但現在我仍願意詳細解釋給你聽……」最後，他說得那位氣勢洶洶的議員心服口服，羞愧地低下了頭。

在生活中，遭到指責和抱怨的事常常會發生，雖然這是極不愉快的事，有時會使人覺得很鬱悶、很尷尬，尤其是在大庭廣眾面前受到無情的指責時，更是不堪忍受；但如果換一個角度，從提高一個人的處世修養方面講，無論你遇到哪種情況，何種方式的指責，都應該從容不迫、深刻反省。嚥下這口怨氣，並不代表你懦弱無能，相反，能顯示出你的涵養和大度，為你創造更多有利條件，從而為自己爭取到更多的機會。

學會正確表達自己的憤怒

一味隱忍可能會讓憤怒更加強烈地爆發,關鍵是找到一個平衡點。毫無疑問,認清自己的需求,學會表達憤怒,就是和他人建立更健康的關係。

以前有一位剛從軍隊中退伍的士兵說過一個笑話。一位團長滿面通紅地對臉色發白的營長髮脾氣;營長回去,又滿面通紅地對臉色發白的連長冒火;連長回到連上,再滿臉通紅地對臉色發白的排長訓話……

我不知道他們的怒火,是真的,還是假的。是真的,也是假的;當怒則怒,當服則服。

每次想到他說的畫面,也讓我想起電視上對日本企業的報導:職員們進入公司之後,不論才氣多高,都由基層做起,先學習服從上級主管。在熙來攘往的街頭,一個人直挺挺地站著,不管人們投來的奇異的眼光,大聲呼喊各種「老師」規定的句子。

他們在學習忍耐,忍耐清苦與干擾,把個性磨平,將臉皮磨厚,然後——他們在可發怒的時候,以嚴厲的聲音訓部

第四章　不輕易發脾氣，絕對不生悶氣

屬，也以不斷鞠躬的方式聽訓話。怪不得美國人常說：「在談判桌上，你無法激怒他們，所以很難占日本人的便宜。」

既會發怒，又難以被激怒；適時發怒，又適可而止。這就是發怒的學問。最重要的是，在用發怒表示立場之前，先應該學會在人人都認為我們會發怒的時候，能穩住自己不發怒。

怒是人生的一件必需品，發怒也是一種相互依賴。生物學中有一個簡單的原理，即人天生就有自助能力。所有兒童天生會生氣，這是一種健康的表現，這是一種抗爭或抗爭反應。當父母對孩子不好或在情感上無意地忽視孩子時，孩子會用哭泣表示憤怒，但他們通常會壓抑孩子合理的憤怒。父母不應該要求完美，應給予所有孩子表示生氣的機會，對憤怒的壓抑比創傷危害更大。像催眠曲中「噢……寶寶不要哭」這樣的句子對父母倒很實用，而對孩子卻沒有益處。也許父母像孩子一樣，不得不壓抑憤怒，從憤怒恢復平和心態對父母也同樣適用。人們相互之間應形成相互依賴關係，這種關係是孩提時代所形成的依賴關係的再現，是在無意識的情況下為了宣洩受壓抑的憤怒和憂傷而形成的。我們當中許多人尋找過夥伴、僱主和朋友，他們使我們回憶起我們和父母的關係，而這些關係並不讓我們感到愉快。

最糟時期過後，正常情緒得以恢復，最終得到持續的快

樂。這種快樂不是一時的「情緒高漲」,而是定義為遠離焦慮和沮喪。我們又重新得到愛和被愛的能力。

激進的、具有攻擊性生氣情緒的人通常會吹毛求疵,而且不能被拒絕,所以和這樣的人相處時,就如同走在蛋殼上一樣。這種行為在很多時候,是一種自我表現的保護方式,保護他們在面對批評和拒絕時,不會感到痛苦。說白了,就是要面子。理智與情緒的爭戰也往往由此而生。是怒火壓倒理性,還是理智更勝一籌,全看你是秉公還是徇私。

人生在世,誰都會難免與別人產生摩擦、誤會甚至仇恨,但千萬不要被憤怒奪去理智,別忘了用寬容和忍耐來稀釋自己的怒火,那樣就會少一份阻礙,多一份成功的機遇。否則,你將會永遠被擋在通往成功的門外,直至最後被打倒。

第四章　不輕易發脾氣，絕對不生悶氣

盡量把憤怒消滅在萌芽之時

憤怒是人的正常情感，難就難在我們怎樣控制它。當你要發怒的時候，不妨讓自己冷靜一下，盡量把憤怒消滅在萌芽之時，怒氣必定會減少一大半。

心若改變，你的態度跟著改變；態度改變，你的習慣跟著改變；習慣改變，你的性格跟著改變；性格改變，你的人生跟著改變。在順境中感恩，在逆境中依舊心存喜樂、遠離憤怒，認真、快樂地生活，懷著愛心做大事情。

以前看過幾次成人在街頭打架，印象最深刻的是兩個人剛動手，就聽見有東西掉在地上的聲音，循聲望去，原來是兩隻斷了錶帶的手錶。也碰到過人們在餐廳一言不和，大打出手，妙的是這個狠狠給那個一拳，那人倒在椅子上，椅子咔嚓一聲就斷成了三截。後來我常盯著自己的手錶和椅子想：看起來這錶帶挺結實，我打籃球、做體操，它都不會掉。還有這椅子，一百公斤的大胖子坐上去也不會垮，為什麼打架的時候那麼不經用呢？我想出的答案是：它們都是為理性的人做的。理性時再結實的東西，碰到不理性的動作，都將變

盡量把憤怒消滅在萌芽之時

得脆弱無比。

問題是，人畢竟是人，是人就有情緒，有情緒就可能發怒。挪威首都的「維格蘭雕刻公園」有數百座雄偉壯觀的雕塑，佇立在中央走道的兩側。公園的中心點，則是聳入天際的名作——「生命之柱」。奇怪的是，旅客大多卻圍在一個不過三尺高的小銅像前。那是一個跺腳搥胸、嚎啕大哭的娃娃——公園裡最著名的「怒嬰像」，高舉著雙手，提起一隻腳，彷彿正要狠狠踢下去。雖然只是個銅像，卻生動得好像能聽到他的聲音、感覺到他的顫抖。他是在發怒啊！為什麼還這麼可愛呢？大概因為他是個小娃娃吧，被激動了本能，點燃了人類最原始的怒火。誰能說自己絕不會發怒？只是誰在發怒的時候，能像這個娃娃，既宣洩了自己的情緒，又不造成傷害？

在陳凱歌導演的《霸王別姬》和張藝謀導演的《活著》中，都有表現發怒的情節。在《霸王別姬》裡，兩個不成名的徒弟去看師父，師父很客氣地招呼他們。但是當二人請師父教誨的時候，那原來笑容滿面的老先生，居然立刻發怒，拿出「家法」，好好修理了兩個聽話的徒弟。在《活著》這部電影中，當葛優飾演的敗家子把家產輸光，債主找上門，要敗家子的老父簽字，把房子讓出來抵債時，老先生很冷靜地看著借據說：「本來嘛！欠債還錢。」然後冷靜地簽了字，把偌大的產業讓給了債主。事情辦完，老先生一轉身，臉色突

第四章　不輕易發脾氣，絕對不生悶氣

然變了，渾身顫抖地追打自己的不肖之子。兩部電影裡的老人都發了怒，但都是在該發怒的時候動怒，也沒有對外人發怒。那種克制與冷靜，讓人感覺到「劇力萬鈞」。

這世上有幾人，能把發怒的原則、對象和時間，分得如此清楚呢？

據說，在聯合國會議上，赫魯雪夫常常會用皮鞋敲桌子。後來，一位外交人員談到這件事時說：「有沒有脫鞋，我是不知道。只知道做外交雖然可以發怒，但一定是先想好，決定發怒，再發怒。也可以發表憤怒的文告，但是哪一篇文告不是在冷靜的情況下寫成的呢？所以辦外交，正如古人所說『君子有所為，有所不為；君子有所怒，有所不怒』。」這倒使我想起一篇有關20世紀最偉大指揮家托斯卡尼尼（Arturo Toscanini）的報導。托斯卡尼尼脾氣非常大，經常為一點點小毛病而暴跳咆哮，甚至把樂譜丟進垃圾桶。但是，報導中說，有一次他指揮樂團演奏一位義大利作曲家的新作，樂隊表現不好。托斯卡尼尼氣得暴跳如雷，臉孔漲成豬肝色，舉起樂譜要扔出去。只是，手舉起，又放下了。他知道那是全美國唯一的一份「總譜」，如果毀損，麻煩就大了。托斯卡尼尼居然把樂譜好好地放回譜架，再繼續咆哮。請問，托斯卡尼尼真在發怒，還是以「理性的怒」做了「表示」？

學會忍耐，有理不在聲高

忍耐是修養胸懷的要務，是安身立命的法寶，是眾生和諧的祥瑞，是成就大業的利器。「弓過盈則彎，刀過剛則斷」，能忍者追求的是大智大勇，絕不做頭腦發熱的莽夫。

忍耐，是為人處世的一種策略，甚至是一門必修的藝術課。忍耐，實際上是讓時間、讓事實來證明自己，這樣做可以避免相互之間不必要的爭吵、無原則的糾纏、無休止的怨恨。面對誤解，面對挑釁，面對無理取鬧，學會忍耐，你的人生會因此而多一筆財富。

在你的心田上，培育一棵忍耐的樹吧，雖然它的根很苦，花期很長，但是果實一定是甜的。在忍耐的時期，你要努力汲取美德的養料，把根扎得深一些，這樣才能保證在各式各樣的風雨面前依然挺立，才能讓樹幹一天天成長，才能讓你最終得到甜美的果實和幸福的生活。

得饒人處且饒人，為對方留點面子和立足之地，否則不但消滅不了眼前的這個「敵人」，還會讓身邊的朋友疏遠你。所以忍耐是一種美德，是一種姿態，是一種境界，是一種心智成熟的表現。「小不忍則亂大謀」正是忍耐的至理名言。

第四章　不輕易發脾氣，絕對不生悶氣

某高級餐廳裡，正是用餐的高峰時刻。

「小姐！你過來！快過來！」一個穿著考究的男顧客命令似的高喊著。

「有什麼需要幫忙的嗎？」幹練的服務生快步走過來柔聲問道。

男顧客怒容滿面地指著面前的杯子，說：「看看！你們的牛奶是過期的，把我一杯紅茶都糟蹋了！」

「真對不起！」服務生微笑著說，「我馬上換一杯給您。」

新的紅茶很快就送來了，跟前一杯一樣，碟子邊上放著新鮮的檸檬和牛奶。服務生小心翼翼地放在顧客面前，看到男顧客拿起檸檬和牛奶準備往茶裡面加時，服務生輕聲地說：「先生，我是不是能夠建議您，如果放檸檬就不要加牛奶，因為有時候檸檬酸會使牛奶結塊。」

男顧客的臉一下子紅了，沒說一句話，匆匆喝完茶走了出去。

旁邊的顧客笑問服務生：「明明是他錯，你為什麼不直說呢？他那麼粗魯地招呼你，你為什麼還柔聲細語地和他說？」

「理不直的人，往往用氣壯來壓人。理直的人，則用氣和來交朋友。正因為他粗魯，所以我才用委婉的方式去處理。道理很容易說明白，用不著大聲嚷嚷。」服務生說。

所有的人都笑著豎起了大拇指，大家對這個服務生瞬間增加了許多好感。以後的日子，他們每次見到這位服務生，

都能想起她說過的富有哲理的話。事實證明，這位服務生的話有多麼正確——他們不止一次地看到，那位曾經不知道檸檬和牛奶不能一起加的客人，和顏悅色地與那位服務生打招呼。

如果你得理不饒人，讓對方走投無路，就有可能激起對方「求生」的意志，就有可能不擇手段，不計後果。在別人理虧的情況下，放他一條生路，他也會心存感激；就算他不感激，也不太可能與你為敵。

我們習慣了「理直氣壯」的灑脫，卻忽略了「理直氣和」的絕妙。俗話說：有理不在聲音高。更何況你還不一定有理呢。相反的，對於別人的無知、粗魯、挑釁，與其以牙還牙，不如以柔克剛。溫和、友善永遠比憤怒、暴力更有力量。百忍成金，人應該為自己的目標而活著，不可為了他人的無禮而生氣。凡事能忍者，不是英雄至少也是大師；凡事不能忍者，縱使有點本事，終歸也難成大事！

忍是一種寬廣博大的胸懷，忍是一種包容一切的氣概，忍是建立良好的人際關係的法寶。忍講究的是策略，展現的是心態。昔日周成王告誡君臣說：「必有忍，其乃有濟；有容，德乃大。」忍是一種寬容，是一種理智，是一種提得起放得下的豁達，是一種「宰相肚裡撐得船，將軍額頭跑得馬」的大度。

歷史上凡是顯世揚名、彪炳史冊的英雄豪傑、仁人志

第四章　不輕易發脾氣，絕對不生悶氣

士，無不能忍。現代社會中，許多事業上非常成功的企業家、金融巨頭亦將「忍」字列為修身立本的真言。在這些胸懷大志者的心目中，凌辱和嘲諷對他們幾乎構不成任何傷害，反倒會更加激勵他們奮鬥的勇氣。勇氣絕不僅僅表現為反抗、競爭或鬥狠，真正可以讓你笑到最後的勇氣，恰恰是常人所說的「太老實」、「太沒膽」的大忍之勇。忍者無敵，做大事業的人在追求成功的漫長道路上，絕不會做因小失大、得不償失的傻事。

忍耐是智者的大度、強者的涵養，它並不意味著怯懦，也不意味著無能，而是一種蓄勢待發的信念。俗話說：「忍一忍晴空萬里，退一步海闊天空。」在人們的交往中不免會有許多意想不到的誤會，在這種情況下，克制一下自己的不良情緒，彼此之間多一些溝通諒解，為了達到自己的目的，天大的事都要忍一忍，不要把面子看得太重。罵我也好，打我也罷，只要對事情的進展有利，對自己的進步有益，都沒什麼關係。一生謙受益，萬事忍為高。讓我們在日常生活中注意培養自己的忍性，品嘗忍讓之苦換來的甜蜜果實。

沒有人能夠從爭辯中獲勝

爭辯不可能使你成為贏家,因為爭辯的結果若是你敗下陣來,當然你就輸了;即使是對方舉手示弱,其實你還是輸了,因為你的勝利是以對方承認自己的錯誤為代價的。

人生舞臺上,演員太多太雜。錯綜複雜的利害關係,決定了矛盾、摩擦、衝突、爭鬥在所難免。因此,總有太多當事雙方臉紅脖子粗地進行各種形式的爭辯:互相質疑的,指責的,抱怨的,揭短的,挖苦的,謾罵的⋯⋯如果你不是上述中的一員,那麼恭喜你是個智者;而如果上述情況也在你身上發生過,那麼請盡快停止這種無謂的爭辯吧!

爭辯只有一個目的,就是取得勝利。但是這種所謂的勝利意義有多大呢?心平氣和的討論中參考的是客觀事實和真理,而激烈的爭辯中所使用的只是個人主觀的思想,這樣的勝利沒有任何價值。所以說,世界上沒有一個人能夠真正從爭辯中取得勝利。

一位女士到某乾洗店裡去乾洗一件衣服,到了約定時間去取衣服時,發現洗好的衣服上有一個明顯的焦痕。這當然

第四章　不輕易發脾氣，絕對不生悶氣

是乾洗的時候不慎而燙焦的。

這位女士非常生氣，因為這一件是她最滿意的衣服，所以她決定向該公司索賠。但是那家公司的洗衣單上註明，在乾洗時衣服質料受損公司不負責任。雙方爭吵了近一個小時仍然各執一端，無法達成協議。於是她要求面見經理，和經理當面交涉。

那位女士氣憤至極，直接闖進了經理室。經理正在房間辦公，而她在進門時除了憤怒臉色外，還怒聲說道：「經理先生，我的衣服被你的職員弄壞了，我要求貴公司賠償，這件衣服我可是花了五千多元買來的！」

「對不起，這件事我知道了，但洗衣單上不是已經註明出現這種情況我們不負責任嗎？」那位女士頓時啞口無言。不過，那位女士到底是很精明的人，她很快意識到爭辯不能解決問題，於是她決定用別的方法試試。

她環視辦公室一周，看見牆上掛著一根高爾夫球桿，忽然靈機一動，換了一種柔和的語氣對經理說：「經理先生，您是不是很喜歡高爾夫球？」

「是的，您也喜歡嗎？」那位經理一說到關於高爾夫球的話題，立刻來了興致，因為他十分鐘愛這項運動。

「我也喜歡！」這位太太索性以球桿為話題來引導他：「我近來一直想怎樣握球桿才好，經理，您喜歡哪種握桿方法呢？」

「我嘛，對常用的兩種握法都不喜歡，不過我現在正在研

究一種新的握桿方法,那真是棒極了!」

「是嗎?可以教教我嗎?可是今天我沒有空,我是為我受損的衣服來的,既然您不願意賠償,我只好回家了。握球桿的方法就只有等到……」

「沒關係,我們可以多談一會的。至於那件衣服嘛,我給您一定的賠償吧……」經理說著就打電話叫人進來,給那位女士開了一張支票,並對她說:「對於衣服的事我表示抱歉,就到此為止吧!現在還是讓我來教您握球桿的方法吧,我可以先示範一遍給您看。喏,就是這樣,我堅信您如果按這種方法練,您的球藝一定會飛速長進。」

結果,這位女士不僅獲得了賠償,還從公司經理那裡學到了球藝。

試想,倘若那位女士繼續她強硬的爭辯路線,最終的結果也就是使得對方的態度強硬,並按洗衣單上註明,不承擔責任。對於那位女士來講,這顯然不是她所希望的結局,好在她能及時意識到爭辯除了讓事態變得更糟之外,並無任何好處。因此,她放棄了爭辯,改為投其所好,最終達到了目的。

班傑明‧富蘭克林(Benjamin Franklin)說:「如果你總是爭辯、反駁,也許偶爾能獲勝;但那是空洞的勝利,因為你永遠得不到對方的好感。」可惜的是,真正能省悟和善用這句話的人很少。在名利權位面前,人們忘乎所以,恨不得你

第四章　不輕易發脾氣，絕對不生悶氣

吃了我，我吃了你。可到頭來，這些爭得你死我活的「精明人」，大都落得個遍體鱗傷、兩手空空，有的甚至身敗名裂、命赴黃泉。

爭辯不可能使你成為贏家，因為爭辯的結果若是你敗下陣來，當然你就輸了；即使是對方舉手示弱，其實你還是輸了，因為你的勝利是以對方承認自己的錯誤為代價的。因此，你的勝利會使對方自覺形穢或者無地自容。你傷了他的自尊心，他會怨恨你的勝利。因此，對方不但不會幫助你實現目標，而且很有可能為你實現目標設定障礙。

決心有所成就的人，絕不肯在私人爭執上浪費時間。爭執的後果不是他所能承擔得起的，而後果包括發脾氣，失去自制。當你遇到惡犬擋道時，最聰明的方法還是避開牠。別跟牠為爭奪路權而起衝突，如果被牠咬傷了，就算你最後殺了牠，你的傷口仍將存在。

為自己選擇無害的發洩方式

選擇一種合適的方式,適當地發洩一下內心的積鬱,使不快的情緒徹底排解,是一種取得心理平衡的好方法。

人的情緒容易受到外界事物的影響,而起伏的情緒常常使人難以專心學習、生活、工作,人際關係也會因此受到很大的影響。選擇一種最有效的洩怒方法,並養成習慣,那麼當那危險的怒火上升時,就不是簡單地壓抑,而是用合理地宣洩將它消滅於無形之中,達到心理的平衡。

很多日本企業為了保證員工良好的工作狀態,在公司專門設有「發洩間」,房間裡面的牆壁上懸掛有各個部門主管的大幅照片,任何人情緒不好時,都可以單獨進去對著想罵的人的照片大聲地怒罵,直到認為自己情緒好轉為止。這也許正是日本企業員工工作效率高的原因之一。

可是有的人不考慮時間、場合而隨意宣洩,有的人不顧及對象而肆意宣洩,這不僅傷害了他人也傷害了自己。儘管這些人常常辯解說:「我性子直,有口無心。」但這顯示出其人格的不成熟和控制情緒、行為的能力較差等缺陷。時間

第四章　不輕易發脾氣，絕對不生悶氣

一長，別人就不願意與其合作共事了。比如，在各大城市出現的「捏捏族」，為了宣洩情緒去超市將能捏碎的東西悉數捏碎，這種方式就有些過度激烈。因此，人在生活中要學會控制自己，不斷調解情緒，選擇適當的宣洩方式，或以轉移注意力、理性昇華等方式取代宣洩，恢復心理平衡。一般來說，都應以不傷害自己和他人為度，這樣，在你滿足自身心理需求的同時，也在自覺地按社會規範行事，展現出了高度的社會責任感。

西元 1838 年 12 月，道光皇帝任命林則徐為欽差大臣，前往廣東查禁鴉片。林則徐初到廣州時，一些腐敗官吏明目張膽地進行阻撓，使他的情緒波動很大。但他知道憤怒不但無濟於事，還可能給那些人找到攻擊自己的藉口。於是，他竭力控制自己的情緒，寫了「制怒」二字掛在牆上作為警句，告誡自己不要生氣。同時，這也是他憤怒時宣洩情緒的管道。每當怒氣爆發時，他就注視牆上的「制怒」條幅，直到怒氣消失。

我們應該在適當的時間、適當的場合，以適當的方式排解心中的不良情緒，利用「理智」的閘門來控制；而不能像文學家普希金那樣，在得知年輕漂亮的妻子有了婚外情之後，憤怒地去與情敵決鬥而身亡，留下千古遺憾。

有個超市老闆僱了個水電工來維修水管。水電工的運氣差：上午，先是摩托車的輪胎爆裂耽誤了一個小時，再就是

為自己選擇無害的發洩方式

電鑽壞了,甚至連輛摩托車也「鬧」起了罷工。收工後,超市老闆開車送他回家。到家後,水電工邀請超市老闆進去坐坐。在門口,還是一臉冰霜的水電工沉默了一陣子,接著伸出雙手開始在門旁的樹幹上左右撫摸,然後才轉身敲門。門一打開,他立刻笑逐顏開,先和兩個孩子緊緊擁抱,再給迎上來的妻子一個響亮的吻,這才喜氣洋洋地招待這位新朋友。

超市老闆離開時,水電工送他出門。超市老闆按捺不住好奇心詢問:「剛才你在門口樹上的動作是什麼意思?」水電工爽快地回答:「是這樣的,那是我的『煩惱樹』。我在外面工作,不如意總是難免的,但不想把煩惱帶進家門,家裡頭有老婆和孩子嘛!我就把煩惱放在樹上,讓老天爺暫時保管著,明天出門再帶走。奇怪的是,煩惱第二天就會消失了。」

的確,面對生活和工作中的巨大壓力,我們難免會有種種負面的、痛苦的情緒。當你感到極端厭倦、壓抑時,總是要發洩的。適當地發洩一下內心的積鬱,使不快的情緒徹底排解,是一種取得心理平衡的好方法。但是,一定不要把自己的情緒發到別人身上。

選擇一種合適的方式,既不傷害他人,又讓自己的情緒得到宣洩,或是痛斥一個假想敵,或是用力地去拍球,或是像林則徐那樣一直告誡自己,或是像水電工那樣把不好的情緒轉嫁到另一種事物上。讓一切都回到好情緒時的樣子,進而才能融洽地與人相處,繼續高效地完成自己的工作。

第四章　不輕易發脾氣，絕對不生悶氣

學會控制自己的壞脾氣

一個不會憤怒的人是庸人，一個只會憤怒的人是蠢人。一個有良好自我控制能力的人，在逆境面前會痛苦但不會失態；在危機面前泰然自若，視危機為挑戰；在流言蜚語面前坦然無愧。

成功人士幾乎都具有驚人的自我控制能力。所謂自我控制是指控制自己的情緒，控制自己的行為，使自己以最合理的方式展開行動。

良好的自我控制能力，是一個人有修養的展現，也是衡量一個人涵養氣度的標準。有良好自我控制能力的人，在逆境面前會痛苦但不會失態；在危機面前泰然自若，視危機為挑戰；在流言蜚語面前坦然無愧。他們知道，如果不能控制自己，必將招致更大的不幸。即使在面臨不可逆轉的命運時，也能泰然自若，保持豁達的心境。卓越之人，總是能夠讓理性主宰自己的頭腦，讓一切歸於冷靜的判斷。

缺乏自我控制力的人，不能掌控自己的理智，任由非理性的因素左右自己，這是一種不明智的行為。他們不懂得聽

取意見,至少不能耐心地聽取意見;他們更關心自己的想法,而不是聆聽別人的想法。這樣的人往往與成功無緣,即使成功了,也會因為自我控制能力弱而多走彎路。

因此,當你遇到不順心的事情時,請盡力控制自己的壞脾氣,讓自己保持清醒的頭腦,用冷靜的頭腦去處理你所遇到的麻煩,如果憑一時意氣和衝動去做事,等待你的只有後悔莫及。

很久以前,一個在美國做生意二十多年的英國商人決定啟程回家。在帶什麼禮物給妻子的問題上他陷入難題。就在這時,一隻小鳥進入了他的視野。商人千方百計抓到了小鳥,準備當禮物送給妻子。令他想不到的是,小鳥說話了

「你吃了那麼多的肉,而我還不到 100 克。求你放了我吧!」小鳥可憐巴巴地說,「我會報答你的。」

商人問:「怎麼報答?」

「我會告訴你三個智慧,但是你先要讓我站在大樹上。」小鳥回答。

「好,我就相信你一次。」商人說。

「第一,」小鳥一飛到大樹上就說,「不要被眼前的假象所矇蔽而意氣用事。」

「那第二呢?」商人迫不及待。

「第二,是不要為過去的事而懊惱、情緒失控。」小鳥說,「可能你不知道,我體內有顆珍珠,重達 100 克,但是你

第四章　不輕易發脾氣，絕對不生悶氣

失去了擁有它的機會！」

商人聽後捶胸頓足，哭天喊地，懊悔萬分。

小鳥說：「看來你沒記住我剛才給你的智慧，我早說了，我身體不到 100 克重，怎麼可能有 100 克的珍珠呢？」

商人破涕為笑，問：「那第三呢？」

「第三，就是牢記前兩條！」小鳥說完就飛走了。

五十天後，發了財的商人回家來了。為了給妻子一個驚喜，他在事先沒有對任何人說的情況下，偷偷地躲進家裡一個隱蔽的地方，觀察著屋裡的動靜。

黃昏時候，妻子和一個英俊的年輕人回來了，妻子親切地問：「親愛的，告訴我，你想吃點什麼？」

商人聽到自己的妻子這麼親暱地對那個年輕人說話，不由自主產生了一種惡念，恨不得當場殺了這兩個人。但是突然想起小鳥送給他的智慧，就沒有動手。

天黑了，屋裡兩人在桌旁用餐。商人看到這一情景，又動了想殺他們的念頭。但小鳥的話語又在耳邊響起，他控制住了自己。

夜已經很深了，商人見年輕人還在家中，心裡非常憤怒，但依然強壓著怒火繼續觀察。後來聽妻子對年輕人說：「兒子，聽說有一條船剛剛從你爸爸做生意的地方來。明天一早，你就去打聽一下，或許還能打聽到他的消息。」

這時，商人才想起來他離開家的時候，妻子已經懷孕了，原來年輕人就是他的兒子。商人十分慶幸自己記住了小鳥送給他的智慧。

試想，假如商人沒有遵照小鳥所說的去做，在憤怒時做出衝動的決定，就可能造成無法挽回的悲劇。由此可見，對自己的情緒和行為進行自我控制是多麼重要。任何時候，任何情況下，都不要輕舉妄動而自亂陣腳，要冷靜地分析和判斷，學會用理性的思維去思考，如果草率行事，往往會為自己的所作所為而後悔。

第四章　不輕易發脾氣，絕對不生悶氣

管理好自己的衝動情緒

生活需要以一種舒緩的情緒去面對，匆忙但不慌張，緊張但不急躁，積極但不貪婪，充實但不單調。這樣生活才會有條不紊，有張有弛，該忙碌時忙碌，該放鬆時放鬆。一味地衝動只能使自己的生活變得更加糟糕。

生活需要快節奏，這是現代社會發展不可逆轉的潮流。在快節奏的生活方式下，人們需要更加有效地利用時間，進行工作和學習。要做到這一點，其實並不難，但是人們總是利用不好自己的時間，提高不了工作和學習的效率，儘管自己已經十分拚命，卻依然無法趕上生活的腳步。這是為什麼呢？現代人究竟應該以怎樣的形式來面對生活呢？

我們說，快──勢在必行；慢──應運而生。人們之所以很難適應社會生活，根本原因在於人們內心的急躁和慌張使之方寸大亂、事倍功半。因為心亂，所以生活更亂。因此，要適應快生活，就一定要放慢自己的心態，放穩自己的情緒，去「急」取「緩」，保持內心的安寧和平靜。生活節奏越快，就越應該讓自己的情緒穩定，不急不躁，不慌不忙，

管理好自己的衝動情緒

按下情緒的慢速鍵，減少衝動情緒的產生，才能讓生活變得更美好。

早上八點往往是上班高峰期。邢翼開車上班時，遇上了大塞車，眼看就要遲到了。等了好久，汽車長龍終於開始向前移動了，但前面的司機好像睡著了一樣，停在那裡沒有動靜。邢翼開始火了，不停地按喇叭，然而前面的司機就是不動。邢翼內心遂升起一股無名火，打開車門衝上前去，猛敲前面那輛車的車門。結果那個司機也不甘示弱，打開車門，衝了出來。就這樣，兩人打成了一團，使原本已開始鬆動的交通再一次陷入嚴重堵塞。等110趕來時，邢翼已把那個人的手臂打得骨折。邢翼已構成故意傷人罪，同時因為造成交通的嚴重中斷，他將受到重罰。

生活中有很多類似的情節，大都是因為一點小事而爭得你死我活，這是不值得的。我們應該學會抑制自己的衝動，審時度勢，不能讓情緒放縱地流露出來。否則，一時的衝動，就可能遺患無窮。

尤其是在當前社會中，我們更要知道「衝動」是魔鬼，人人都需要修練廣闊的胸懷，以平息快節奏生活中的種種急躁情緒。當你與人發生糾紛且即將加劇時，請忍一步、退一步，就會避免衝動情緒帶來的惡果。但生活中，總有很多人因為雞毛蒜皮的小事隨意發洩自己憤怒的情緒，結果導致了嚴重不良後果的產生。

第四章　不輕易發脾氣，絕對不生悶氣

　　鄰里糾紛、打架鬥毆往往都是因為一些小事，有的甚至是因為一句氣話，當事人抑制不住衝動，大打「出手」，導致了悲劇。由於現今生活節奏加快，社會壓力加大，加之某些人的性格缺陷，對觸犯自己的細小情況難以容忍，有時就會導致攻擊性違法犯罪行為的發生。

　　培根說：「衝動，就像地雷，碰到任何東西都一同毀滅。」大凡成功的人，都是能收放自如地控制情緒的人。在這裡，情緒不再是一種簡單的感情表達，而成為了一種更為重要的生存智慧。如果不能妥善地控制自己的衝動情緒，而任由衝動的洪水氾濫，就有可能給自己帶來毀滅性的災難。如果能妥善地控制自己的情緒，則能逢凶化吉，化險為夷。因此，生活中我們一定要謹記「衝動是魔鬼」的忠告，不要讓衝動的情緒破壞了我們的生活。

　　冷靜和理智是美麗的智慧珍寶，它是忍耐與自我控制。一個冷靜、理智的人，不會在任何事情面前大驚小怪、感情用事，而是在任何情況下都會像洶湧波濤中的礁石般紋絲不動。讓情緒穩定，在任何情況下都保持冷靜和理智，不要輕易就讓自己變得衝動，如此就會擁有安然自若、溫馨和諧的幸福人生。

　　抑制衝動最好的辦法就是保持理智，只有用理智來衡量並支配自己的情緒和行為，才能夠讓自己的生活多一份輕鬆

和快樂。所以說,在做事情之前,一定要清楚自己的目標,考慮自己的做事方法是否可行,還要考慮到最可能出現的不良後果。如此,衝動的情緒就會得以緩解和消失。

當你意識到自己即將為衝動的情緒牽制時,此時一定要立即轉移自己的注意力,例如迅速離開情景場地,讓自己與可能導致衝動情緒的事件保持距離。如果實在難以平靜自己的內心,則可以透過吶喊、做劇烈運動等方法釋放內心的衝動。

第四章 不輕易發脾氣,絕對不生悶氣

第五章
笑對挫折，
挫折是最好的機會

　　最偉岸挺拔的樹木總是在最陡峭的岩石中扎根昂首向天。並非每一次不幸都是災難，早年的逆境通常是一種幸運，與逆境抗爭不僅磨練了我們的人生，也為日後更為激烈的競爭累積了豐富的經驗。我們不能因為一時的挫折就把自己的一生永遠地困在逆境的泥淖中。人的可貴之處在於，無論我們跌倒多少次，都能從失敗的廢墟上站起來，人生因此而顯得絢麗多彩。

第五章　笑對挫折，挫折是最好的機會

你永遠要感謝給你逆境的眾生

在逆境中的修練對個人的成長是必不可少和至關重要的。等你超越了逆境，回過頭來要感謝的是給你逆境的人。

生活告訴我們：只有那些在事與願違時仍然保持微笑的人，才是勝利的候選者。因為這種樣子，普通人是做不到的。

有詩曰：「寶劍鋒從磨礪出，梅花香自苦寒來。」的確，沒有過去痛苦的磨礪，就不會有今天的鋒芒。

生活中，我們每一個人都會遇到坎坷與曲折，可是每個人都不希望遇到它們，因為鋪滿鮮花的平坦大路是那樣的好走，所以一遇到艱難險阻，很多人就會抱怨命運的不公，認為自己是不幸的。

北歐一座教堂裡，有一尊耶穌被釘在十字架上的塑像，大小和一般人差不多。因為有求必應，因此專程前來這裡祈禱，膜拜的人特別多，幾乎可以用門庭若市來形容。

教堂裡有位看門的人，看十字架上的耶穌每天要應付這麼多人的要求，覺得於心不忍，他希望能分擔耶穌的辛苦。

有一天他祈禱時，向耶穌表明這份心願。意外地，他聽到一個聲音，說：「好啊！我下來為你看門，你上來釘在十字架上。但是，不論你看到什麼、聽到什麼，都不可以說一句話。」

於是耶穌下來，看門人走上去，像耶穌一樣十字架般地伸張雙臂。看門人也依照先前的約定，靜默不語，聆聽信友的心聲。

來往的人絡繹不絕，他們的祈求，有合理的，有不合理的，千奇百怪不一而足。但無論如何，他都強忍下來而沒有說話，因為他必須信守先前的承諾。

有一天來了一位富商，當富商祈禱完後，離去的時候竟然忘記拿走手邊的錢袋。他看在眼裡，真想叫這位富商回來，但是，他憋著沒有說。接著來了一位三餐不繼的窮人，他祈禱耶穌能幫助他度過生活的難關。當他要離去時，發現了先前那位富商留下的袋子，他打開發現裡面全是錢。窮人高興得不得了，一個勁地感謝耶穌，然後千恩萬謝地離去。十字架上的看門人看在眼裡，想告訴他，錢袋不是他的。但是，約定在先，他仍然什麼也沒有說。接下來有一位要出海遠行的年輕人來到，他是來祈求耶穌降福給他平安。正當他要離去時，富商衝進來，抓住年輕人的衣襟，要年輕人還錢，年輕人不明就裡，兩人吵了起來。

這個時候，十字架上看門人終於忍不住，遂開口說話把事實講了出來，富商跑出去去追那個拿了他的錢袋的窮人，而年輕人則匆匆離去，生怕搭不上船。

第五章　笑對挫折，挫折是最好的機會

這時耶穌出現了，指著十字架上的看門人說：「你下來吧！那個位置你沒有資格了。」

看門人說：「我把真相說出來，主持公道，難道不對嗎？」

耶穌說：「你懂得什麼？那位富商並不缺錢，他那袋錢不過用來嫖妓，可是對那窮人，卻是可以挽回一家大小生計；最可憐的是那位年輕人，如果富商一直纏下去，延誤了他出海的時間，他還能保住一條命，而現在，他所搭乘的船正沉入海中。」

這是一個聽起來像笑話的寓言故事，但卻透露給我們：在現實生活中，沒有最好也沒有最壞。不論順境、逆境，都是對我們最好的安排。

不經歷風雨，就見不著彩虹。人世間，從來就沒有人能隨隨便便獲得成功。孟子有句名言，「故天將降大任於斯人也，必先苦其心志，勞其筋骨，餓其體膚，空乏其身，行拂亂其所為。所以動心忍性，增益其所不能」。早在幾千年前孟子就清楚，在逆境中的修練對人的成長是必不可少和至關重要的。一個胸懷大志之人，沒有千百次挫折、失敗的經歷和磨鍊，除不盡心中的浮躁氣和世俗氣，以及與生俱來的虛榮心和惰性，成就大事業是絕無可能的。

古人云：「夫大將者，每逢大事有靜氣」。這種靜氣，就是無數次血與火的抗爭中修練出的一種品格和意志，臨危而

不懼，泰山崩於面前而不變色。

　　人生如逆水行舟，不進則退。逆境對任何人來說都是不可避免的，只有學會正確看待逆境，才會不被逆境打垮，才能在逆境中求得生存與發展。逆境，可以鍛鍊人的意志，使人變得無比堅強。打拚時留下的那累累傷痕，是崢嶸歲月的一種餽贈。那每一道傷口，都是一次演練、一次登高、一個頓悟。有磨難才會有痛苦，才會使人思索。一個人只有痛苦地思索，才會頓悟人生的真諦，才會明智練達。而只有明智的人，人命才會不同凡響。

　　逆境，更能激勵人們走向成功。處於逆境的人們，為了擺脫困難，創出一番事業，必然會在逆境中悟出人生哲理，並為之奮鬥，為之打拚，從而走上成功之路。偉大與渺小，卓絕與平庸，深刻與浮淺，常常在這樣的時候變得涇渭分明。

　　感謝逆境，因為它教會了我們生活。只有在逆境中歷練出剛毅的品格和心志，你才能正確地面對成功和失敗，你就不會為小勝而狂喜，也不會因小敗而沉淪。

第五章　笑對挫折，挫折是最好的機會

快樂不是永遠的，痛苦也不是永恆的

　　一個聰明人如果是憂鬱的，總會找出足夠的使自己憂鬱的原因；如果他是快樂的，也會找到足夠的快樂的原因。

　　當你快樂時你要想這快樂不是永恆的，當你痛苦時你要想這痛苦也不是永恆的。世上沒有永遠的贏家，也沒有永遠的幸福。沒有永遠的快樂，也沒有永遠的痛苦。在快樂中我們要感謝生活，在痛苦中我們也要感謝生活，因為生活原本是美麗的！要學會怎樣去擁有一份快樂，這是生活中很重要的事。

　　人類常常徘徊在痛苦和快樂的邊緣，小心地邁著自己的腳步。原以為它們中間有著遙遠的距離，未曾想到二者卻相依為鄰。於是，擁有快樂、遠離痛苦成了我們一生的願望。

　　然而，好花不常開，好景不常在；花無百日紅，人無千日好。我們追求的快樂是那麼的短暫，痛苦又不請自來。快樂不是永恆，痛苦只是過程！世間沒有永遠的快樂，就像這世間沒有永遠的白天一樣。世間也沒有永遠的痛苦，好似這世間沒有永遠的黑夜一樣。

快樂不是永遠的，痛苦也不是永恆的

上天不會給我們快樂，也不會給我們痛苦，它只會給我們生活的調味料，調出什麼味道的人生，那只能在我們自己。你可以選擇一個快樂的角度去看待它，也可以選擇一個痛苦的角度，如同做飯一樣，你可以做成苦的，也可以做成甜的。所以，你的生活是笑聲不斷，還是愁容滿面，是披荊斬棘，勇往直前，還是畏首畏尾，停滯不前，不在他人，都在你自己。

對於同一輪明月，在柳永那裡就是：「楊柳岸，曉風殘月，此去經年，應是良辰美景虛設。」而到了瀟灑飄逸、意氣風發的蘇軾那裡，便又成為：「但願人長久，千里共嬋娟。」同是一輪明月，在持不同心態的不同人眼裡，便是不同的，人生也是如此。

國王有七個女兒，這七位美麗的公主是國王的驕傲。她們那一頭烏黑亮麗的長髮遠近皆知，所以國王送給她們每人一百個漂亮的髮夾。

有一天早上，大公主醒來，一如往常地用髮夾整理她的秀髮，卻發現少了一個髮夾，於是她偷偷地到了二公主的房裡，拿走了一個髮夾。二公主發現少了一個髮夾，便到三公主房裡拿走一個髮夾；三公主發現少了一個髮夾，也偷偷地拿走四公主的一個髮夾；四公主依樣畫葫蘆拿走了五公主的；五公主一樣拿走六公主的；六公主只好拿走七公主的。於是，七公主的髮夾只剩下九十九個。

第五章　笑對挫折，挫折是最好的機會

　　隔天，鄰國英俊的王子忽然來到皇宮，他對國王說：「昨天我養的百靈鳥叼回了一個髮夾，我想這一定是屬於公主們的，而這也真是一種奇妙的緣分，不曉得是哪位公主掉了髮夾？」

　　公主們聽到了這件事，都在心裡想說：「是我掉的，是我掉的。」可是頭上明明完整地別著一百個髮夾，所以都懊惱得很，卻說不出。只有七公主走出來說：「我掉了一個髮夾。」話才說完，一頭漂亮的長髮因為少了一個髮夾，全部披散下來，王子不由得看呆了。

　　快樂不長久，悲傷有盡頭。得意時不可貪戀，失意時不可氣餒。誰能說得到就一定是福，失去就一定是禍？樂極生悲、因禍得福的事是常常發生的。因為喜歡而擁有，就擁有了快樂。因為喜歡而失去，就失去了快樂。在你擁有快樂的同時，你也就擁有了怕失去快樂的恐懼，而在你失去的同時，你也就沒有了這份恐懼。

　　境由心造。順和逆在心中都可以是短暫的，永久的只有自己的好心境。唯其超脫，我們方可成為幸福的真正主人！

　　平淡的日子，可以有不乏味的感覺。我們時常抱怨每天的生活平淡乏味，其實，這不過是發現了一個真理——生活原本就是平淡無奇的。人之所以有不同的生活，當然是由於諸種因素的影響有所不同，但從根本上說是由於具有不同的心態。

快樂不是永遠的,痛苦也不是永恆的

　　我們平淡無奇的生活,曲折是有的,高潮是有的,但更多還是平淡無奇,甚至是艱難困苦、需要打拚的生活。這就要靠一顆從容穩定而又正向熱情的心去體驗,往往同一個原因既能使人憂鬱,也能使人快樂。事實的確如此,對於同一件事情,樂觀的人從中看到的是希望,悲觀的人則從中看到的是不幸。

第五章　笑對挫折，挫折是最好的機會

每一種創傷，都是一種成熟

在成長過程中所經歷的每一種創傷，都會成為一種成長經驗，從中讓我們學會寬容、學會吃苦、學會觀察與思考，就會走向人生的成熟。創傷並不是失敗的象徵，而是成熟的催化劑，是朝著成功進步的開始。

人是哭著來到這個世界的，這似乎就預示著今後的生活將遭受各種苦難和折磨，也就有了「人生不如意十之八九」這一說法。而在這種環境成長，若想成功，必定要戰勝種種的挫折與創傷。如果一味地追求順境，就會失去戰勝困難的勇氣和力量。生長在溫室裡的花朵是無法抵擋外面的風風雨雨的。

在成長過程中所經歷的每一種創傷，都會成為一種成長經驗，從中讓我們學會寬容、學會吃苦、學會觀察與思考，就會走向人生的成熟。我們都知道經過千錘百鍊成長起來的人更具有生存力和更強的競爭力，因為經受過創傷，在逆境中奮鬥的人既有失敗的教訓，又有成功的經驗，更趨於成熟。

成熟不是以年齡而論的，也許你到了八十歲，甚至邁向人生的終點時也沒成熟，它與一個人的心智與經歷有很大關係。人們感覺年齡大就是成熟，這只是表象，因為歲月所做的，主要是在你的面龐上刻出它的痕跡，這些年輪並不是成熟的充分條件。

人的一生並不是一帆風順的，總要有經歷，有閱歷，而你所經歷過的創傷就是你走向成熟的催化劑。

在古印度的時候，常常發生乾旱或是水災，因此，老百姓們常常顆粒無收，過著飢腸轆轆的日子。有一位婆羅門，他每天清晨都到神廟裡去祈求大梵天為人間免去災難，讓人們能過上吃飽穿暖的日子。

也許是因為他虔誠的緣故，感動了大梵天，終於在一天清晨，大梵天來到了他的面前。他激動地叩拜在大梵天的腳下，並對大梵天說：「尊敬的大梵天啊，您常常讓土地乾旱或洪水成災，導致農民失去收成，現在大家都過著飢餓的日子，您怎麼能忍心呢？還是讓我來教您點東西吧。」

大梵天聽完婆羅門的話之後，並沒有生氣，反而趁著婆羅門磕頭的時候，偷偷地笑了一下，就對婆羅門說：「那就請你教我吧。」

「請您給我一年的時間吧，在這一年裡，按照我所說的去做，我會讓您看見，世界上再也不會有貧窮和飢餓的事情發生了。」婆羅門說。

第五章　笑對挫折，挫折是最好的機會

　　就這樣，大梵天給了婆羅門一年的時間，並在這一年裡，滿足了婆羅門所有的要求。當婆羅門覺得該出太陽了，就會陽光普照；要是覺得該下點雨了，就會有雨滴落下來，想讓雨停，雨就馬上停止，環境真是太好了，小麥的長勢特別喜人。

　　轉眼，一年的時間過去了，婆羅門看到麥子長得那麼好，就又向大梵天禱告說：「大梵天你瞧，要是再這麼過十年，就會有足夠的糧食來養活所有的人，人們就算不工作也不會餓死了。」大梵天沒有回話，只是在空中對著婆羅門微笑著。

　　終於到了收割的時候，人們興高采烈地來到麥田裡。可是令婆羅門驚訝的是，當大家割下麥子時，卻發現麥穗裡什麼都沒有，裡邊空蕩蕩的。婆羅門驚慌極了，於是，他又跑到神廟裡去向大梵天禱告說：「大梵天呀，這究竟是怎麼一回事呀？」

　　這時，大梵天對婆羅門說：「那是因為小麥都過得太舒服了，沒有受到任何打擊的緣故。這一年裡，它們沒經過風吹雨打，也沒受到過烈日煎熬。你幫它們避免了一切可能傷害它們的事情。沒錯，它們長得又高又好，但是你也看見了，麥穗裡什麼都結不出來，我的孩子……」

　　聽了大梵天的話，婆羅門無言以對。

　　萬事順意是不利於成長的，一個心智不成熟的人就像沒有結子的麥穗，不管他是活到了八十歲還是活到了一百歲，

都是空長一生。一個人要想在有生之年有所收穫，就要經受必要的錘鍊。過太舒服的生活會消磨你的意志，讓你停滯不前。

俗話說：「自古英雄多磨難」。翻開歷史畫卷，許多著名人物都是在創傷和挫折中成長起來的。他們的成功都有一個共同的公式，即挫折 ── 奮起 ── 成功。從這個公式可以看出，這正是他們善於經一事長一智的結果。

人生所面臨的創傷，其實不是壞事，每受傷一次，就使自己成熟一些，沒有一個小孩學走路不摔跤，這應該是一個必然規律。創傷並不是失敗的象徵，而是成熟的催化劑，是朝著成功進步的開始。

第五章　笑對挫折，挫折是最好的機會

只有面對現實，你才能超越現實

　　生活的內涵豐富而多彩，看似簡單卻深刻。但許多人卻不了解它的本義：他們往往超脫現實而存在，把自己寄託於無望的夢想之中，但到頭來得到的卻只是「竹籃打水一場空」。所以，我們應當面對現實，並學會在現實中尋找快樂的感覺。

　　人類的逃避現實的一種心理現象。這是一種不能正視現實、盲目樂觀的心理，其後果是導致了很多人不能及時把握鍛鍊的機會，影響了身心成熟與發展的速度。如同鴕鳥一樣，遇到天敵時本能地將頭埋進沙子裡，其命運不言而喻。

　　現實生活中許多人在困難、挫折、難題、環境改變及面對不順心的事情時，都會像鴕鳥那樣，將頭埋到沙子裡，以此逃避問題。結果恰恰相反！一切的困難、挫折、問題、環境和不如意都未因逃避而有任何削弱和改變，甚至會變得更糟糕，更難以解決和踰越。

　　如果我們以鴕鳥為例，我們就可以知道逃避與面對的結果會有多大的不同。鴕鳥的奔跑速度可達時速 70～80 公里

（逃命時可以更快），獅子的時速則可達時速 80 公里，但是鴕鳥能以這個速度持續奔跑半小時，而獅子卻只能維持幾分鐘。而且鴕鳥的爪子強壯、堅硬且鋒利，必要時完全可以殺死獅子。可鴕鳥卻將這些優點拋在腦後，選擇了逃避，也就最終選擇了死亡。

有一名即將退休的老船長，在退休前他為所有的船員做了最後一次報告。將他一生航海歷程中的種種奇遇，都毫無保留地告訴了新的船員。其中最引人入勝的，是老船長與狂風暴雨搏鬥的驚險遭遇。

當講到海面上常常不可預測的天氣時，有一個人問老船長：「如果你的船行駛在海面上，透過氣象報告，預知前方的海面上有一個巨大的風暴圈，正迎向你的船而來。請問，以你的經驗，你將如何呢？」

老船長微笑地望著發問的人，反問道：「如果是你，你又會怎麼做呢？」

前者偏著頭想了想，回答道：「返航，將船頭掉轉 180 度，遠離暴風圈。這樣應該是最安全的方法吧？」

老船長搖了搖頭道：「不行，若你掉頭回去，暴風圈還是迎向你的船；這麼做，反而將你的船和暴風圈接觸的時間延長了許多，這是非常危險的。」

另外一個人接著道：「那，如果將船頭向左或向右轉 90 度，試著脫離暴風圈的威脅呢？」老船長仍是搖搖頭，微笑

第五章 笑對挫折，挫折是最好的機會

道：「還是不行，如果這樣做，將會使船身整個側面暴露在風暴的肆虐之下，增加與暴風圈接觸的面積，結果是更加危險。」

眾人不解，問道：「如果這些方法都不行，那究竟應該怎麼做呢？」

老船長道：「只有一個方法，那就是抓穩你的舵輪，讓你的船頭不偏不倚地迎向暴風圈。唯有這樣做，才可以將與暴風圈接觸的面積化為最小，同時因為你的船與暴風圈彼此的相對速度組合在一起，還減少了與暴風圈接觸的時間。你將會發現，很快地，你已經安然衝過暴風圈，迎接另一片充滿陽光的蔚藍晴空。」

航海如此，人生亦如此。只有正視人生的慘淡，才能享受成功的美好。

泰戈爾說得好：「我們錯看了世界，卻反過來說世界欺騙了我們。」人生的道路不是一帆風順的，順境逆境皆為自然，這是再正常不過的了。可在現實與虛幻之間，有人選擇前者，有人選擇後者。選擇前者，正視人生的淚水與歡笑，而選擇後者，則是逃避生活的曲曲折折。

思想家盧梭曾經說過：「人要是懼怕痛苦，懼怕折磨，懼怕不測的事情，那麼他的人生就只剩下逃避二字。」逃避生活的人，或許會暫時的遠離痛苦，遠離傷害，可同時他們也失去了獲得真實生活的機會。沒有勇氣面對現實的人，可能

獲得暫時的安穩，但永遠不會了解生活真正的精彩。

　　遇到困難或挫折時，先不要試著去逃避，如果能勇敢地去面對，也許會發現事情原本很容易解決。逃避雖然可以使你暫時擺脫責任和壓力，但終究不是解決問題之道，你必須學會承擔、擔當並以此獲取他人的信任。

　　只要你能從心底認知到逃避不是解決問題的根本，就會自覺地試著面對問題。沒有人願意做把頭埋進沙子裡的鴕鳥，與其逃避現實、不敢面對問題，還不如奮力一搏。

第五章　笑對挫折，挫折是最好的機會

享受挫折，
把挫折當成你東山再起的機會

　　精彩的人生在挫折中造就，挫折才是人生的本色，是人類成長不可或缺的色彩。如果你擁有面對現實的勇氣、樂觀的心態及堅定的信念，那麼你就有可能將挫折變成東山再起的機會，任何看似挫折的「絆腳石」都有可能變成我們生命的「墊腳石」。

　　沒有人喜歡挫折，可是挫折總是不期而至。

　　許多人遭遇挫折時一味地抱怨、苦惱，長期沉溺其中不能自拔，終日被淚水和無奈的情緒包圍著。而智者的做法是：把挫折、苦難、不幸看作是人生不可或缺的一部分，遇到挫折時，對自己說：「別擔心，一切都會過去的。」

　　有的時候我們應當為遇到挫折而慶幸，慶幸自己終於有時間思考了，終於有時間好好審視自己走過的路了。挫折是用它的方式告訴我們，這條通往成功的路上還有我們跨不過的難關，是因為我們的某方面的能力還有所欠缺，它是我們的一面鏡子，照出自己的缺陷。然後，透過學習與改正，累

積自己的經驗，伺機待發，生命的下一個輝煌定會光顧你。

挫折讓我們停下來思考和等待。正是挫折堅定我們的毅力，培養我們的耐力，而成功則不能賦予我們這些特質。

命運之神就好像特別跟吉賽爾過不去似的。5歲那年，吉賽爾的父母在一次車禍中死去，他被寄養在一個遠房姨媽家。姨媽對他很刻薄，吆喝打罵是家常便飯。吉賽爾懂事很早，學習非常用功，成績出類拔萃，考上了一所知名大學的熱門科系。但畢業那年，全國的經濟形勢都不好，辛苦找了一年工作，卻絲毫沒有著落。

對吉賽爾最好的是那位70多歲的房東老太太，滿頭白髮下仍然能看出那份安詳與高貴。每次吉賽爾回來，她都會開門高興地招呼他，儘管吉賽爾自己有鑰匙可以開門。看到吉賽爾沮喪的樣子，老太太總是安慰他說：「吉賽爾，事情沒那麼糟糕，一切都會好起來的。」

吉賽爾每次心裡都很感動，但他覺得老太太根本就不會知道他的難處。他想：「如果他能像她那樣，每天最重要的事就是看著馬路上川流不息的各種車輛，以及熙熙攘攘的人群，他也一定會這樣快樂。」

有一天，吉賽爾看著老太太出神的樣子，他終於禁不住地問她：「您每天都在看什麼呢？有什麼意思的事情嗎？」

老太太笑瞇瞇地望著吉賽爾，說：「孩子，這人生呀，就像那紅綠燈，一會兒紅，一會兒綠。紅的時候呀，就沒法動了，動了就會出交通事故；綠的時候呢，就一路通暢無阻。」

第五章　笑對挫折，挫折是最好的機會

老太太頓了頓：「有時你遠遠看著那燈是綠的，等車子加速到了跟前，卻可能突然就變紅了。有時遠看是紅的，到了跟前就變綠了。」

「每個路口都可能是綠燈變紅燈，有的車到每個路口都是紅燈變綠燈。可是呀，它們最終都同樣離開了這裡，朝著遙遠的地方去了。有了這紅綠的變換，人生的步伐才有快慢調整，人生的景色才有五彩斑斕。為什麼要為一次紅燈而焦慮不安，或為一次綠燈而興奮不已呢？」

吉賽爾終於明白：原來自己一直在人生的路口撞著紅燈，但是綠燈總會閃起，遠方依然在召喚。帶著對老太太的感激，吉賽爾開始了新的努力。

40歲那年，吉賽爾成了英國最著名的軟體經銷商，擁有億萬家產。在劍橋大學演講那天，在如雷的掌聲中，他沒有忘記當年那位房東老太太的教誨，他平靜地說道：「自己只不過是遇上了人生的綠燈而已。」

有句古話：「勝不驕敗不餒」。吉賽爾做到了，遇到綠燈不必興奮，遇到紅燈也不必焦慮，現在是綠燈也許下一秒就成了紅燈，現在是紅燈也許過一會就是綠燈，這些都是我們人生路上必經的風景。

精彩的人生在挫折中造就。挫折才是人生的本色，是人類成長不可或缺的色彩。如果你擁有面對現實的勇氣、樂觀的心態及堅定的信念，那麼你就有可能將挫折變成機會，任何看似挫折的「絆腳石」都有可能變成我們生命的「墊腳石」。

挫折是成長的試金石，你想要長大必須經歷挫折。許多挫折往往是好的開始，它只是用不幸來提示你，讓你暫時地心灰意冷，卻給你一個靜心思考的機會。這個時候，你如果能抓住冥冥中命運之神給你的這個暗示，你前面的路就會豁然開朗。

　　遇到挫折，很多時候不是我們沒有能力應對和克服，而是我們對自己失去了希望，選擇了放棄；其實只要再堅持一下，可能就成功了，只是因為自己的負面想法使我們在生活的考驗面前一敗塗地。因此，不論什麼時候，都要對未來充滿希望，因為人生中沒有過不去的難關。

第五章　笑對挫折，挫折是最好的機會

什麼使你痛苦，什麼必使你強大

　　痛苦是一筆最寶貴的財富，一個人只有經歷痛苦的折磨，才會頓悟人生的真諦。許多人的生命之所以偉大，就源於他們所承受的苦難。

　　鮮花選擇怒放，於是它必將經歷一次次凋謝的苦創；大雁選擇飛翔，於是牠必將承受無數次練飛的痛傷；若是你選擇無悔的人生，那麼，苦痛將伴你一路同航。

　　真正有志的人，總能在逆境中發揮自己的才能，錘鍊自己的意志特質，在逆境中抓住機會，從此改寫自己的命運。誰都知道，人生不可能無痛苦和挫折，當你視它們為敵人時，它們便愈加強大，因為絕望的掙扎與絕望的沉淪都是無濟於事的，可大多數人在遭遇挫折的時候往往是一蹶不振，更有甚者甚至輕生。倘若我們能坦然地面對痛苦，那麼無論面臨多麼惡劣的境遇，我們都能處亂不驚。曾聽過這樣一個故事：

　　很久以前，有一個小泥人國。這個國家裡的泥人們整天都在抱怨，為什麼女媧沒有把他們變成人，讓他們也能看看世間的繁華，體會愛恨糾纏，哪怕一天也好。一天，他們的

抱怨聲傳到了天庭，神仙們便七嘴八舌的討論了起來，最後決定：如果哪個泥人能夠走過他指定的那條河，那麼就會賜予這個泥人一個鮮活的生命。泥人們雖然都很渴望能夠獲得渴望已久的生命，然而他們都知道這樣做的代價是什麼，所以他們好久都沒有人回答。

這時，一個小泥人站了出來：「我想要過河。」

「你是泥人，你過不了河的，孩子。」一個很老的泥人說。

「走不到河心，你就會淹死的。」一個上了一點年紀的泥人警告他。

「你難道就不害怕你的肉體會一點點地消逝嗎？」善良的泥人大嬸說。

「你會成為魚蝦的食物，連一點都不會剩下。」同伴的聲音已經發出了顫抖。

但是小泥人決定了，對他來說，這些都比不上能擁有一個完整鮮活的生命重要。即使他知道自己將要面臨的是無邊的痛苦。

他來到了河邊，湍急的河水在貪婪地看著他。但他還是把自己的雙腳踏入了河水，他感覺到了自己的腳在迅速地融化，正在一分一秒地離開他的身體。

「回去吧，現在還來得及，你失去的只是雙腳。」河水獰笑著。

小泥人無言，他不後悔自己的選擇，他沉默著繼續前進。因為他知道，要快，否則他的消逝將會一無所得。這條河可真

第五章　笑對挫折，挫折是最好的機會

寬闊啊，小泥人孤獨而倔強地走著。他抬頭看了看對岸，那裡綠草如茵，鮮花盛開，小鳥在輕盈地飛翔，處處是美景，是真正的天堂，也許，天使們正在那裡喝茶呢。

沒有人知道還有一個小泥人在河水裡艱難地跋涉，但是這能怪誰呢，上帝給了你做小泥人的機會，是你自己不甘於平穩的生活，要尋找一顆金子般的心的呀，這是你自己所選擇的道路。小泥人流淚了，卻發現淚水中掉了他的一塊皮膚，他知道，這個時候哭泣只會加速他的融化，於是，他把眼淚逼回到了眼睛裡，他別無選擇。

在水裡，魚蝦們正在享受著牠們的盛宴，鬆軟的泥沙加重了他行走的難度，洶湧的波浪幾乎要把他打翻，小泥人從沒有感到如此勞累，他心想，哪怕是躺下歇一小會兒也是好的。可是一個聲音在告訴他，如果你現在躺下了，就永遠都起不來了，這是你想要的結果嗎？另一個聲音在他的耳邊響起，後悔了嗎？不，小泥人知道，自己此時就連痛苦的權利都沒有了，他只能選擇前進、前進、再前進，他沒有後悔，即使是他的身體在漸漸地消融。

他繼續忍受著，不知道過了多久，小泥人覺得自己快死了，因為他感覺自己已經完全沒有了。那麼，我又怎麼還有意識呢？他低頭看看腳下，原來，他已經上岸了，更讓他驚奇的是，他的泥身體已經全部消失了，取而代之的是一個鮮活的生命……

小泥人超越了足以使他滅亡的河水，苦痛自不必說。如

鳳凰涅槃，羽化成蝶一般，只有經歷了錐心的苦痛，然後才會有震撼人心的美麗。要知道，沒有人的成功是偶然的，支撐成功的是無數的失敗和痛苦，而外人看到的往往只是光鮮的外表和榮耀。只有他自己知道，在他通往成功的路上，有著數不清被荊棘扎破的血跡斑斑。

當你有幸經歷貧窮，當你有幸經歷低潮，當你有幸經歷意外，不要把這些當作是命運的失寵。如果一味埋怨、一味墮落，你就永遠不會翻身。人生無常，不如意事十有八九，我們可能時時面對困難，只有經歷痛苦，我們才能獲得閱歷，才能從中取得財富。

人是在痛苦中成長的，每一次痛苦就是一塊絆腳石，把這些「石頭」拼起來，就成了通向成功的彩虹橋。任何一個人想成就一番事業，就須迎擊生活中的風雨，因為只有經過風雨的洗禮，才會品味到人生的喜怒哀樂，才會在挫折中堅強，在失意中奮起，在痛苦和磨難中走向新的目標。

人的一生要經歷很多的挫折和磨難，會遇到很多的痛苦，如果超越痛苦，就意味著你得到了一次重生，所以當遇到挫折和不開心的事情的時候，不要去抱怨，不要去鬱悶，時間在等你去蛻變。很多人在他們成長的瓶頸的時候，都沒有蛻變，結果只能是走向消亡。所以，要學會蛻變自己，以使自己獲的新的發展，獲得重生。暫時的痛苦會帶來長遠的發展，使我痛苦者，必使我強大！

第五章　笑對挫折，挫折是最好的機會

有些煩惱是自找的，請盡快把它拋棄

如果我們被無可改變的事物掌控住自己的七情六慾與心靈思想，那麼原本使我們幸福的東西，也會成為我們煩惱的根源。倒不如淡然些，反而生活的輕鬆自在，何必自尋煩惱呢？

俗話說：「世上本無事，庸人自擾之。」確實，生活中有許多煩惱完全是自找的。有一次在火車上，偶然聽到一段愚蠢的對話。這段談話長達一個小時，而焦點一直集中在這兩個人的明天以及接下來的一週將會有多累。這兩個人像是在彼此說服對方，或是說服自己，強調他們在工作中將會花多少時間、多少力氣，他們會睡不了幾小時，最重要的是他們會疲倦得不得了。他們兩個都說了些類似的話，如「老天！明天我會累死了！」或「我不知道下星期要怎麼過！」及「今天晚上我只能睡三小時了！」他們談到晚上加班、缺乏睡眠、不舒服的旅館床鋪、大清早的會議等等。他們已經覺得精疲力竭了。而我相信事情也就會照他們所預期的那樣發生。我不敢確定他們是在吹牛還是在抱怨，但有一點是可以肯定的：只要這樣的對話繼續下去，他們就會變得越來越疲

倦。他們的聲調很沉重，似乎即將缺乏睡眠的問題已經影響到他們了，就連我只是聽了一陣子他們的對話，也覺得疲倦得不得了。

這個故事說明，一個人不論用什麼方法想像自己的疲勞，都只會產生加重疲勞的後果。一個人預想自己的疲倦，就向大腦發出了一個訊號，提醒大腦發出疲倦的反應。這就是說，你的疲勞正是對你自己胡亂想像的一種報應，你的煩惱是自找的。一個人把煩惱寄給流逝的時光，收到的是天天煩惱；把煩惱轉嫁給別人，到頭來仍然是自尋煩惱；把煩惱流放到雲天沃野，最終你會感到人生處處充滿煩惱。

有兩個窮人一道趕路，邊走邊聊。其中一個人說：「老兄，我們這麼窮，要是能撿到一筆錢該多好啊。喂，你說，要真撿到錢，我們該怎麼辦？」另一個人說：「怎麼辦，那還用說，見面分一半吧，我們一人一半。」

「不對，」第一個人說，「錢這東西，誰撿到就是誰的，憑什麼我要分你一半呢？」

「嘿，我們一塊出門趕路，撿到錢，你還要獨吞不成？真是個守財奴，不夠朋友。不夠朋友的人其實就是衣冠禽獸。」另外一個越說越激動。「你說什麼？衣冠禽獸？你再說一遍。」「說就說，我怕你呀，衣冠禽獸。」

話音未落，兩人就扭打在了一塊，你一拳我一腳，不可開交。這時從對面走過來一個人，見狀上前拉架。二人竟不

第五章　笑對挫折，挫折是最好的機會

肯住手，口中也還在叫罵。勸架的好不容易弄明原因，不禁哈哈大笑，說：「我還當真撿到錢了呢，還沒撿到就打得鼻青臉腫呀！」

兩人這才回過神來，打了半天，其實沒撿到錢，耽誤了趕路不說，衣服弄髒弄破了，而且弄得鼻青臉腫，真是何苦！這正是自尋煩惱者的典型表現。

不過，有時候儘管你不願意尋找煩惱，煩惱也會找上門來。正所謂：「人在家中坐，禍從天上來。」煩惱這杯苦酒，是人生中難以避免的。望著遠處的群山漸漸變得渺茫，黃昏悄悄爬上心頭；往昔含情嬌羞的目光，如今已是滿眼掛著寒霜；撫摸旅途中被荊棘刺破留在心中那隱隱作痛的感傷……你忽然覺得，煩悶會從天而降，苦惱也在心中激起巨浪。

這時，不必怕，輕輕閉上雙眼。不要害怕煩惱會讓你經受痛苦，不要擔心煩惱會讓你無法擺脫。煩惱要來，逃避它只會更加煩惱。要勇敢地接受煩惱，任煩悶的思緒充斥你的心海，讓苦惱的血液在你的心中迴盪。人要健康，身體需要鍛鍊；人想堅強，心靈更須磨練。生活中沒有煩惱，人生難免長滿幻夢的野草。生活不全是鮮花舖就的成功之路，人生除了島嶼，還有暗礁。煩惱讓你付出很多，同樣也會讓你收穫不少。如果是煩惱讓你覺得，平平安安並非比坎坎坷坷更加美好；如果是煩惱使你最終明白，人生注定要充滿煩惱，那麼，就高高興興經歷煩惱吧！但請記住，不要重複同樣的煩惱。

再不然,當陷入某種煩惱時,不妨去爬爬山,去打打羽毛球,去游泳,去聽音樂,去露營,去人多熱鬧的地方;或者邀幾個朋友,到田野,到河邊,到湖畔,到一望無際的大草原。這樣,不久你的心情就會豁然開朗起來,就變得輕鬆愉快起來。

尤其實大自然,它是人類最好的老師,也是人類精神的家園和心靈的驛站。大自然的風光有益於心理健康。俗話說:「好山好水好心情。」漫步在碧波蕩漾的湖畔,會感到心情恬靜;面對波濤翻滾的大海,會想到迎擊風浪;登山越嶺,會想到奮發向上。大自然是人類永恆的良師益友,「觀朱霞,悟其明麗;觀白雲,悟其舒卷;觀山岳,悟其靈奇;觀河海,悟其浩瀚;則俯仰間皆文章也。對綠竹,得其虛心;對黃花,得其晚節;對松柏,得其本性;對芝蘭,得其幽芳;則遊覽處皆師友也」。大自然以其神奇的魔力告訴你:個人是多麼渺小,你眼下的一點煩惱又是多麼不值一提!

大自然風光多種多樣,享受它的最好方法是旅行。在大自然美景的薰陶下,憂愁煩惱能得以消除,情緒能得到改善,心理健康水準能得到提高。因此,從某種意義上來說,旅行是緩和心理緊張、增強心理健康的一種有效的心理方法。一些國家把自然風光優美的地區,建成「森林療法」園地,吸引都市人去遊玩,促進身心健康。

第五章　笑對挫折，挫折是最好的機會

　　假如沒有機會出去遊山玩水，那也無妨。可利用休息時間，到栽種有花卉的庭院或草坪休息片刻，或去附近優美的綠化地帶、幽靜的公園散散心。這樣，你會心曠神怡，精神振作，疲勞頓消。因為綠色世界不但對人體的生理功能起著良好的作用，對人的心理健康也有益處。有人指出，當綠色在人的視野約占 25% 時，人的情緒最為舒適。

　　此外，也可以在室內陳設盆景，把大自然的優美風光，縮於一盆之中，從咫尺盆內領略自然山林之趣、名山大川之勝，可謂意境深幽，耐人尋味，同樣能調劑精神，增進心理健康。

失敗不過是重新再來

《聖經》中說:「天堂在你的心中,當然地獄也在,所以到底是生活在天堂還是地獄,完全取決於你自己。」既然天堂和地獄都在自己的掌握之中,那我們也不難意識到成功和失敗更應該在我們的掌控之中。

孟子曾經說過:「故天將降大任於斯人也,必先苦其心志,勞其筋骨,餓其體膚,空乏其身,行弗亂其所為,所以動心忍性,增益其所不能。」任何一個人,他的人生都不會是一帆風順的,尤其是在追求成功的道路上,失敗是一件很正常的事情。

不同的是,在種種失敗和挫折面前,失敗者選擇的是一蹶不振,整日處於挫敗的心理狀態之下;而成功者則會選擇重新再來,他們把消極、悲觀、失望都拋去一邊,選擇從哪裡跌倒就從哪裡站起,以更加自信樂觀的狀態投入到新的挑戰之中。在經過數次的失敗之後,他們終會走到成功的彼岸。

曾經有過一個這樣的故事,農夫牽著一頭驢子在街上走,驢子不小心掉到了一口枯井裡,農夫想盡辦法想把驢子

第五章　笑對挫折，挫折是最好的機會

救出來，但都無濟於事。很長時間過去了，驢子一直在痛苦地哀嚎著。農夫想，牠也這麼大年紀了，不值得太費周章地將牠救出來，不如就這樣算了吧，但是，井還是要埋起來的。農夫找來了左右的鄰里，請他們幫忙將驢子埋起來，以免除驢子在井裡的痛苦。於是，大家開始用鏟子將泥土填到井裡。

看到這種情景，驢子開始痛哭起來，以為自己必死無疑。但不久之後，驢子突然安靜下來了。農夫很好奇，往井下面一看，看到的景象讓他大吃一驚，驢子居然把鏟在牠背上的土都抖落到了一邊，然後站到了上面！就這樣，驢子把鏟進來的泥土一次一次地抖落到一旁，然後站到上面。等到井填平的時候，驢子竟然也奇蹟般地出現在大家的眼前了，然後很得意地在大家的驚嘆聲中跑開了。

本來是要將驢子活埋的舉動，卻由於驢子的善加利用，成功地將自己救出，這就是改變命運的一種方法。如果我們能以正向的心態，樂觀的情緒面對眼前的失敗，努力抓住身邊能夠改變自身命運的條件，善加利用，改變就在不遠處。

人生如戲，亦如這頭驢子。在追求成功的路途中，我們同樣會遇到驢子這樣的情形，當我們也陷入枯井中，當各種「泥沙」濺落到我們身上時，我們要想擺脫枯井，就要會利用這些泥沙。因為擺脫困難的祕訣就是將「泥沙」抖掉，然後站到泥沙上面。

生活中，我們遇到的形形色色的失敗就是生活給我們的

「泥沙」。其實，換一種方式去思考，這些泥沙也許就是我們走向成功的基石，只要我們鍥而不捨地將它們壘起，然後站到上面，即使再多的困難，再深的井，我們也不必害怕，因為我們能夠成功擺脫困境。

美國著名電臺廣播員莎莉‧拉菲爾在她 30 年的職業生涯中，曾經被辭退 18 次，可是她每次都沒有將失敗放在眼裡，而是放眼更高處，確立更遠大的目標。最初由於美國大部分的無線電臺認為女性不能吸引觀眾，沒有一家電臺願意僱用她。她好不容易在紐約的一家電臺謀求到一份差事，不久又遭辭退，說她跟不上時代。

莎莉並沒有因此而灰心喪氣。她歸納了失敗的經驗之後，又向國家廣播公司電臺推銷她的清談節目構想。電臺勉強答應了，但提出要她先在政治臺主持節目。「我對政治所知不多，恐怕很難成功。」她也一度猶豫，但堅定的信心促使她大膽去嘗試。

她對播廣播早已是輕車熟路了，於是她利用自己的長處和平易近人的作風，大談即將到來的 7 月 4 日國慶日對她自己有何種意義，還請觀眾打電話來暢談他們的感受。聽眾立刻對這個節目產生興趣，她也因此而一舉成名了。

如今，莎莉‧拉菲爾已經成為自辦電視節目的主持人，曾兩度獲得重要的主持人獎項。她說：「我被人辭退 18 次，本來會被這些厄運嚇退，做不成我想做的事情。結果相反，我讓它們鞭策我勇往直前。」

第五章　笑對挫折，挫折是最好的機會

18 次的失敗之後，終於換來了最後的成功。原因何在，是因為她把每一次的失敗都看作一個新的開始。「跌倒了再爬起來」，這是通向成功的真理。就像一個剛剛學會溜冰的孩子所說：「跌倒了再爬起來，爬起來再跌倒，跌倒再爬起來。這樣便會了。」追求成功也一樣，每一次的小失敗不意味著真正的失敗，失敗了再也站不起來，才是真正的失敗。

一個拳擊運動員如是說：「當你的左眼被打傷時，右眼還得睜得大大的，才能夠看清敵人，也才能夠有機會還手。如果右眼同時閉上，那麼不但右眼要挨拳，恐怕連命也難保！」拳擊就是這樣，即使面對對手無比強勁的攻擊，你還是得睜大眼睛面對受傷的感覺，否則會敗得更慘。同樣，失敗面前自怨自艾，最後還會是一敗塗地。但若認為失敗只不過是重新再來，則離成功就更近一步。

人的一生當中，挫折和失敗在所難免，當你遇到它們時，要勇往直前。你的既定目標不變，努力的程度加倍，保持一種恬淡平和的心境，再接再厲，鍥而不捨，一定能夠到達成功的彼岸。

第六章
駕馭心理學，
讓心態寧靜平和

　　美國成功學大師拿破崙・希爾（Napoleon Hill）曾經說過：「要麼你去駕馭生命，要麼是生命駕馭你。你的心態決定誰是坐騎，誰是騎師。」的確，一個人有什麼樣的心態就會產生什麼樣的生活現實，積極健康的心態，會讓你樂觀進步；悲觀負面的心態，則會讓你憂慮煩惱。

第六章　駕馭心理學，讓心態寧靜平和

是改變環境還是改變心態

很多時候，事情並沒有你想像得那麼糟糕，不要看什麼都不順眼。面對任何事情，你都應該適時地轉換一下看問題的角度，把不好的一面拋在腦後，凡事多往好處想，凡事多往寬處想，想開了才能過得好。這樣就會少些煩惱、痛苦、牢騷，多些歡樂、平安。

生活中，隨時隨地都可能會發生一些不盡如人意的事情，比如災難和不幸，而這些事情一旦發生，又往往是我們所不能改變的。面對這些，你會選擇怎麼辦？是在環境面前自怨自艾、萎靡不振，還是會選擇從另外一個角度看問題，讓自己受傷的心理稍稍得以解脫，努力發現生活中正面和光明的一面？

有位老太太，她的兩個女兒長大後一個嫁給賣傘的，一個嫁給賣鞋的。從此，她整天坐在路口哭，被人稱為「哭婆婆」。

一天，一位禪師路過，問其緣由。老太太告訴禪師說：「每當天晴的時候，就想起了賣傘女兒的傘會賣不出去，會因此傷心而哭；每當天下雨的時候，又想起賣鞋女兒的鞋一

定不好賣。兩個閨女都是我的心頭肉，所以我都會傷心流淚。」

禪師聽了她的話之後，開導她說：「老婆婆，我覺得你應該天天高興才是啊！你想一下，下雨的時候，賣傘女兒的生意好，你該高興吧；天晴的時候，賣鞋女兒的生意好，所以你也應該高興啊！」

聽了禪師的一番話，老太太頓悟。從此，街頭便有了一個總是樂呵呵的「笑婆婆」。

對於同一件事，由於人的心態不同，思維方式不一樣，看問題的角度也就不一樣，事情的結局也就會不一樣。其實，一件事情的好與壞，關鍵在於人們自身是如何認知的，在於人們思維的方式和看問題的角度以及心態。

生活中，牢騷者也好，抱怨者也罷，都是因為他們抱有的心態不正確，看問題的角度不對，如果能夠以正向的心態，換個角度樂觀地看問題，相信人的心情會一下子好起來。事物在一個人心中的好壞，不在於事物本身，而在於人的心態，正所謂王國維先生所說：「以我觀物，故物皆著我之色彩。」牢騷、抱怨滿腹者，不妨換個角度看問題，讓樂觀的心態主宰自己，如此，收穫的不僅僅是快樂的心情，還有意想不到的成功和喜悅。

波爾赫特是一位著名的話劇演員，從10多歲開始，她就一直活躍在世界戲劇舞臺上，這一待就是50多年。不幸的是

第六章　駕馭心理學，讓心態寧靜平和

她 71 歲那年，卻發現自己經營多年的公司因為某些不明原因突然破產了。更加不幸的是，在她乘船橫渡大西洋時，因為不小心摔了一跤，導致腰部傷勢很嚴重，而且引發了嚴重的靜脈炎。

人到老年，遭受了如此嚴重的雙重打擊，所有的人都認為她可能從此會一蹶不振，包括給她看病的醫生在內，都不敢告訴她必須把雙腿截去才能夠使她化危為安。

可是又不得不告訴她，但事實卻出乎所有人的意料。當醫生把這個消息說出來的時候，波爾赫特注視著他，很平靜地告訴他說：「既然沒有別的更好的辦法，就選擇截肢吧！您看什麼時候合適就可以安排手術。」

手術那天，在把她推上手術臺之前，波爾赫特高聲朗誦著她曾經出演過的話劇中一段非常經典的臺詞，從她的臉上絲毫看不出一點悲傷的神色。旁邊有人覺得很奇怪，於是問她說：「你是否藉著朗誦臺詞來安慰自己呢？」「不」，波爾赫特從容地回答說：「我只是在安慰為我手術的醫生和護士，他們真的是太辛苦了。」

手術很成功，醫生說她積極樂觀的心態有很大的幫助。後來，波爾赫特又頑強地堅持在世界各地演出，在舞臺上又工作了整整七年。

既然環境已經無法做出改變，我們就應該試著改變自己的心態。如果你一味地看到問題的負面，就只能是鬱鬱寡歡，一事無成，最終成為人生的失敗者。所以凡事多往好處

是改變環境還是改變心態

想,換種心態看問題,你就會樂觀地看待人生道路上出現的各種挫折和磨難。生活中不如意之事常有,如果你總是為一些不如意的事情擔憂,那麼你就永遠也得不到快樂。因此,當你處境不好的時候,不妨換種心態看問題。

第六章　駕馭心理學，讓心態寧靜平和

打開自由的心靈之窗

眾所周知，不管是在上學還是在工作期間，一旦放假，所有人的心情便會如同天氣一般，變得晴朗起來。因此，如果能夠在生活中時時保持一種假日心態，則心靈就不會再被狹隘的生活囚禁，快樂也會變得多起來。

一棟房子如果沒有窗戶，再溫暖的陽光也不能夠照進來，再新鮮的空氣也不能夠飄進來。人也是一樣，如果不打開「心窗」，定會覺得氣悶；一旦「心窗」打開了，心靈的空間才會豁然開朗。

有姐妹二人，年齡不過四五歲，由於臥室的窗戶整天都是緊閉著，屋內總是很陰暗，所以看見外面燦爛的陽光，覺得十分羨慕。姐妹倆就商量著說：「我們一起把外面的陽光掃一點進來吧，這樣就能夠在屋子裡也可以在陽光下面玩遊戲了。」於是，姐妹兩個便拿起掃把和畚箕，到陽臺去掃陽光。

等到她們把畚箕搬到房間時，裡面的陽光卻沒有了。她們這樣一而再再而三地掃了許多次，但是竹籃打水一場空，屋子裡還是一點陽光都沒有。正在廚房忙碌的媽媽看見她們奇怪的舉動，好奇地問道：「你們在做什麼呢？」她們倆異口

打開自由的心靈之窗

同聲地回答說:「我們掃一點陽光進來。」媽媽笑了,說:「傻孩子,你們只要把窗戶打開,陽光自然就會進來了,何必去掃呢?」

我們的生活當中,有多少人的心門也如同那扇窗一樣是緊閉著的,又有多少心靈沒有感覺到陽光的溫暖呢?人生無常,不如意事常有八九:工作不順心,朋友鬧彆扭,夫妻有誤會,孩子不爭氣,家人不理解,上司給臉色……在這些陰暗晦澀的日子裡,人們的心門被關得嚴嚴實實,不要說陽光,就連家人和朋友的溫暖有時也被無情地關在了門外,自己所能感受到的只剩下陰冷和孤獨。

此時,我們就應該學會打開自由的心靈之窗,讓心靈也多點陽光進來,否則,心靈也會和暗室中的衣物一樣,擱久了是會發霉的。如果適時地打開心靈之窗,心情就常常可以得到放鬆,便能夠悠然地來享受生活所賜予我們的一切。同時,因為心靈之窗是開著的,煩惱和焦慮便常常會透過窗子遠離我們而去。

有很多小浪花整天待在一片小湖裡,當它們把湖中所有的地方以及夥伴之間所有的遊戲都玩遍了以後,再也找不到可以讓自己快樂的事情,它們開始覺得生活很煩惱。於是開始尋找快樂的方法,但是怎麼也尋找不到。

一天,小湖外面的一朵大浪花跳進來,看見湖裡的這群小浪花個個愁眉苦臉,無精打采,就問:「既然待在這麼小的

第六章　駕馭心理學，讓心態寧靜平和

天地裡，過得不快樂，何不出來和我一起到沙灘上去玩呢？那裡有很多好玩的東西。」

小浪花們疑惑地問：「外面真的那麼精彩嗎？」

小湖外的大浪花說：「那當然，你們出來看看就知道了。快跟我走吧！」

小浪花們很激動，於是紛紛跳出小湖，跟著大浪花走了，它們想要看看外面的世界究竟是什麼樣子。它們跟著大浪花一起努力地向著沙灘沖去。

一朵小浪花走著走著遇到一片漂泊的海藻，小浪花決定給它找一個好的安身之處。它在岸邊跑了好遠，把海藻留在了淺水的鵝卵石上。鵝卵石喊道：「謝謝你幫我洗澡，真舒服呀！」小浪花很高興，歡快地游走了。

另一朵浪花遇到很多的貝殼，於是它抱了幾個，輕輕地把它們放到沙灘上。一會兒，一個小男孩和他的媽媽來到海邊，看見美麗的貝殼，高興地撿起來玩，還說：「看那些小浪花真好，為我送來這麼漂亮的禮物。」小浪花聽了發出了愉快的笑聲。

還有一朵身材高大的浪花，它努力地沖過了岸邊的一塊巨岩，來到一個小池子裡，碰見很多顏色各異的小魚，於是就和小魚玩了起來。臨別時，魚兒對小浪花說：「謝謝你為我們更換新鮮的海水，歡迎你下次再來。」

小浪花們在這片廣闊的沙灘上忘情地玩耍，雖然很累，

卻很開心。因為它們看到了一個美妙的天地，交了很多的朋友，使自己的生活變得更有意義。

打開自由的心靈之窗，你才會收穫更多的快樂。就如同是小浪花，只有走進自由的大世界，不受小湖的束縛，才能感受到生活的快樂一樣。人的一生，如果讓心靈之窗一直緊閉，則不管白天還是黑夜，心靈感覺到的永遠是黑暗。而心靈之窗一旦打開，便能夠使心靈與外界多了一些交流，便能夠使心靈感受到更多的快樂。窗，僅僅是一扇窗而已，它卻可以改變生活的色彩。

古人曾說：「不如人意常有八九，如人之意一二分。」一般來講，人的一生中處於逆境的時間是大大多於順境的時間。即使是歷史上的帝王將相，生活中的富豪、名人等，也都有各自的煩惱和憂傷。所以，我們在生活中必須要做到的是，時時打開自己的心窗，擺脫不良心境的影響，讓自己的生活變得快樂幸福。

第六章　駕馭心理學，讓心態寧靜平和

先處理心情，再處理事情

當煩躁的心情和棘手的事情不約而同地降臨到你面前時，你會選擇先處理哪個？智者的做法是選擇先處理心情，再處理事情。因為當你的心情沮喪時，常常會一事無成，而當愉悅高興時，則會事半功倍。

當一個人的心情沒有處理好時，他的事情也常常處理不好。反之亦然，如果心情處理好了，接下來的事情就容易處理多了。

美國心理學家佛洛姆做過這樣的一個實驗：他找了一些學生，並把他們帶到一間黑暗的房子裡。在他的引導下，幾個學生很快就從橋上穿過了這間伸手不見五指的神祕房間。接著，佛洛姆打開房間裡的一盞燈，在這昏黃如燭的燈光下，學生們才看清楚房間的所有布置。這一看全都睜大了眼睛，身上出了一身冷汗，個個目瞪口呆。原來，這間房子的地面就是一個很深很大的水池，池子裡蠕動著各種毒蛇，包括一條大蟒蛇和三條眼鏡蛇。

佛洛姆看著他們，問：「現在，你們還願意再次走過這座橋嗎？」大家你看看我，我看看你，都不作聲。過了片刻，

終於有5個學生猶猶豫豫地站了出來。一踏上去就戰戰兢兢，如臨大敵。

「啪」，佛洛姆又打開了房內另外幾盞燈，學生們揉揉眼睛再仔細看，才發現在小木橋的下方裝著一道安全網。佛洛姆大聲地問：「你們當中還有誰願意現在就通過這座小橋？」學生們沒有作聲。「你們為什麼不願意呢？」佛洛姆問道。「這張安全網的品質可靠嗎？」學生心有餘悸地反問。佛洛姆笑了：「我可以解答你們的疑問了，這座橋本來不難走，可是橋下的毒蛇對你們造成了心理威懾，於是，你們就失去了平靜的心態，亂了方寸，慌了手腳，表現出各種程度的膽怯。」

這個實驗說明，某些事物可能會對我們的心態產生巨大的影響，在這種心態的影響下，在接下來做事情的過程中，人們也會不同程度地受到心態的左右。實驗開始的時候，那些學生們之所以能夠順利地通過木橋，是因為心理學家沒有把屋內恐怖的現象展示給他們；後來，當他們意識到橋下的危險時，首先在心理上就敗下陣來了。經由實驗我們可以看出，一個人的心情可以在相當程度上影響一個人辦事的效率，現實生活中也的確如此。

一次，李先生到美國旅遊，導遊說西雅圖有個很特殊的魚市場，在那裡買魚是一種超級享受。李先生和一起來的朋友聽了之後，十分好奇買魚怎麼會是一種享受呢，於是決定前往那裡看看。

第六章　駕馭心理學，讓心態寧靜平和

那天，天氣十分不好，還沒有走到魚市場，就聞到了從那裡飄出來的魚腥味。可是等走進之後，發現那裡的魚販們個個都是笑容滿面，他們甚至像合作無間的棒球隊員，讓冰凍的魚像棒球一樣，在空中飛來飛去，大家互相唱和：「啊，5條鱈盆飛往伊拉克去了。」「8隻蜂蟹飛到中國了，可能準備看長城吧！」陣陣歡聲笑語中，李先生發現這裡的魚販們都非常快樂。

李先生忍不住問及他們其中的緣由。有個魚販告訴他們說，幾年前的這個魚市場本來也是一個沒有生氣的地方，大家整天抱怨，後來，大家認為與其每天抱怨沉重的工作，不如改變自己的心態。於是，他們把賣魚當成一種藝術。再後來，一個創意接著一個創意，一串笑聲接著另一串笑聲，他們成為魚市場中的奇蹟。

魚販接著說，大夥練久了，人人身手不凡，可以和馬戲團演員相媲美。這種工作的氣氛還影響了附近的上班族，他們常到這裡來和魚販用餐，感染他們樂於工作的好心情。

有時候，魚販們甚至還會邀請顧客參加接魚遊戲。即使怕魚腥味的人，也很樂意在熱情的掌聲中一試再試，意猶未盡。每個愁眉不展的人進了這個魚市場，都會笑逐顏開地離開，手中還會提滿了情不自禁買下的不少魚，同時，他們也悟出了不少生活的哲理。

也正是因為有了好心情，這些魚販們才能生活得怡然自樂，並且把自己的事情處理得很好，同時也把這種快樂感染

給周圍的人。的確，人們做事情成功與否與心情好壞有著極大的關係。但是這一點卻常常被人們所忽視，他們常常只針對事情處理事情，卻把做事情時的心情忘得一乾二淨。心理學家告訴我們，先處理心情，再處理事情，事情做起來常常會容易得多。

毫無疑問，一個人如果沒有好的心情，要想把事情辦成，可能性會很小。忽視心情對人生的影響看似無關大局，但實際上，心情已經在無形中影響到了你的行動。所以，學會時時處處保持一份好心情吧！

無論生活曾經給予了我們什麼，還是生活曾經使我們失去什麼，我們都應該用博大的胸懷和豁達的心靈，去容納痛苦和洞察歡樂。既然選擇了生存，就應該快樂地活著，即使日子很苦，也要保持樂觀的心態，再苦也要笑一笑。

第六章　駕馭心理學，讓心態寧靜平和

別讓「浮躁」攪亂了內心

　　浮躁是成功、幸福和快樂最大的敵人。從某種意義上講，浮躁不僅是人生最大的敵人，而且還是各種心理疾病產生的根源，它的表現形式呈現多樣性，已滲透到我們的日常生活和工作中。

　　浮躁，現代社會的流行詞語，在王菲的專輯《浮躁》、賈平凹的小說《浮躁》問世的同時，它也開始悄然流行起來。詞典裡對浮躁的定義為：「急躁，不沉穩。」人難免都會有浮躁的時候，但是長時間地處於浮躁的狀態之中，它就是一種病態心理了。實際上，在當今社會，這種病態心理的表現是越來越嚴重。但一個人如果想要取得成功，就必須靜下心來，擺脫速成心理的引誘，一步一個腳印地走下去，才能穩步走向自己的成功之路。

　　一個生活很失意的年輕人，覺得生活沒有意思，認為自己空有一身「武藝」而沒有用武之地，因為上司從來沒有給過他展示「武藝」的機會。他感到生活非常鬱悶，無聊和急躁時刻困擾著他的內心，使他不能夠安心工作。於是他千里迢迢來到普濟寺，慕名尋到老僧釋圓，沮喪地對他說：「人生不如

意,活著也是苟且,有什麼意思呢?」

釋圓靜靜聽完了年輕人的絮叨和嘆息,最後才吩咐一個小和尚說:「施主遠道而來,燒一壺溫水送過來。」過一會兒,小和尚送來了一壺溫水,釋圓抓了茶葉放進杯子,然後用溫水沏了,放在桌子上,微笑著請年輕人喝茶。杯子冒出微微的水氣,茶葉靜靜地水面上浮著。年輕人不解地問道:「師傅泡茶怎麼用溫水?」

釋圓笑而不語。年輕人於是端茶品嚐,喝後不由得搖搖頭:「怎麼連一點茶香都沒有呢?」釋圓說:「怎麼可能,這可是閩地名茶鐵觀音啊。」年輕人又端起杯子細品,然後肯定地說:「真的沒有一絲茶香。」

釋圓於是又吩咐小和尚說:「再去燒一壺沸水送過來。」少頃,小和尚便提著一壺冒著濃濃白汽的沸水進來。釋圓起身,又取過一個杯子,放茶葉,倒沸水,再放在茶几上。年輕人俯首看去,茶葉在杯子裡上下沉浮,絲絲清香不絕如縷。

年輕人要去端杯,釋圓作勢擋開,又提起水壺注入一線沸水。茶葉翻騰更厲害了,一縷縷醇厚醉人的茶香裊裊升起,在禪房中瀰漫開來。釋圓如是注了五次開水,杯子終於滿了,那綠綠的一杯茶水,端在手上清香撲鼻,入口沁人心脾。

釋圓笑著問:「施主可知道,同是鐵觀音,為什麼茶味迥異嗎?」年輕人思忖著說:「一杯用溫水,一杯用沸水,沖沏的水不同。」

第六章　駕馭心理學，讓心態寧靜平和

釋圓點頭：「用水不同。溫水沏茶，茶葉輕浮水上，怎會散發清香？沸水沏茶，反覆幾次，茶葉在沉沉浮浮中釋放出四季的風韻：既有春的幽靜和夏的熾熱，又有秋的豐盈和冬的凜冽。世間芸芸眾生，又何嘗不是沉浮中的茶葉呢？那些不經風雨的人，就像溫水沏的茶葉，只在生活表面漂浮，根本浸泡不出生命的芳香，而那些櫛風沐雨的人，如被沸水沖沏的釅茶，在滄桑歲月裡幾度沉浮，才有那沁人的清香啊！所以擺脫失意最好的辦法就是踏踏實實地提高自己辦事的能力，而且不要急躁，沸水煮茶還需沸水不斷地注入，否則茶香也一樣不夠。」

浮生若茶，命運又何嘗不是一壺溫水或熾熱的沸水呢？茶葉因為沉浮才釋放了本身深蘊的清香，而生命也只有遭遇一次次挫折和坎坷，然後踏踏實實地做好眼前的工作，才會激發出人生那脈脈幽香。

年輕人恍然大悟，以後的日子裡，他戒驕戒躁，踏踏實實，知道了凡事必有一個沉澱的過程，而在這個沉澱的過程中，就要看你能否耐得住寂寞。一段時間以後，他由於工作業績顯著，得到了上司的重視，職位也有了很大的提升。

茶香還需沸水煮，做事要下真功夫。如果一味地抱有浮躁的心態，就如同在溫水中沏茶，根本就不會顯示出茶的奧妙。人也一樣，做事之前先要把心放穩，不要妄想「天上會掉餡餅」，只要端正態度，勤奮努力，自然就可以獲得成功。

不可否認，誰都想獲得成功，誰都想在三年五載內賺夠500萬或者1,000萬，誰都夢想成為李嘉誠或者比爾蓋茲⋯⋯但這些不是靠速食計畫就可以解決的。一個情緒浮躁的人，是任何時候都成就不了大業的。所以，只有放下浮躁的心態，一步一個腳印，踏踏實實地實現人生中的每一個目標，才能最終取得人生的成功。

荀子曰：「鍥而不捨，金石可鏤。鍥而捨之，朽木不折。」聞名於世的人之所以成功，在於他們能夠將全部的精力放在一個目標上。很多人儘管很聰明，但是心存浮躁，做事不用心，沒有意志與恆心，最後只會一事無成。所以，在實際生活中，我們遇事要從現實出發，善於思考，不能只跟著感覺走。要站在一定的高度看問題，做一個實在的、有境界的人。克服浮躁，腳踏實地，有容乃大，戒驕戒躁，一步一步地走過人生。

第六章　駕馭心理學，讓心態寧靜平和

擁有一顆純真的心靈

任何一樣東西，往往在我們失去它或者將要失去它時，才真正意識到它的重要性，一顆純真的心靈，對於我們真的很重要。

人間之事，無非善與惡。一個人是否行善或行惡，就在於他是否有一顆純真的心。為什麼小孩子不會做大惡的事情，行惡的往往都是成年人。因為，孩子的心是純真的，他們喜歡好人，崇拜英雄，而對那些大惡人卻深惡痛絕，對他們做的惡事更是感到憤恨，在他們心裡，做人就應該做好人。有了純真之心，便有了善良，有了憐憫，有了愛心。

男孩的父母早逝，從小和妹妹相依為命，妹妹是他唯一的親人，所以男孩愛妹妹勝過愛自己。

然而災難再一次降臨在這兩個不幸的孩子身上。妹妹染上重病，需要輸血。但醫院的血液太昂貴，男孩沒有錢支付任何費用，儘管醫院已免去了妹妹的手術費，但不輸血的話，妹妹仍會死去。慶幸的是，身為妹妹唯一的親人，男孩的血型和妹妹相符。醫生問男孩是否勇敢，是否有勇氣為妹妹捐血。男孩一開始猶豫，10歲的大腦經過一番思考，終於點頭。

抽血時，男孩安靜地不發出一絲聲響，只是向著鄰床的妹妹微笑。抽血完畢後，男孩聲音顫抖地問：「醫生，我還能活多長時間？」

醫生正想笑男孩的無知，但轉念間又被男孩的勇敢震撼了：在男孩10歲的大腦中，他認為輸血會失去生命，但他仍然肯輸血給妹妹。在那一瞬間，男孩所做出的決定是付出了一生的勇敢，並下定了死亡的決心。

醫生的手心滲出汗，他緊握著男孩的手說：「放心吧，你不會死。輸血不會失去生命！」

男孩眼中放出了光彩：「真的？那我還能活多少年？」

醫生微笑著，充滿愛心地說：「你能活到100歲，年輕人，你很健康！」

男孩高興得又蹦又跳。他確認自己真的沒事時，就又挽起手臂——剛才被抽血的手臂，昂起頭，鄭重其事地對醫生說：「那就把我的血抽一半給妹妹吧，我們兩個每人活50年。」

這不是孩子無心的承諾，這是人類最無私、最純真的諾言。孩子的愛，有時更加純潔和感人，孩子純真的力量展現著這個社會整體的善良和關愛。

生活在繁忙的大都市裡，人人都要為自己的前途而不斷學習、工作……整天都在忙忙碌碌，都在為欲望而東奔西跑。漸漸地，欲望占領了人們的心靈，它肆無忌憚地霸占

「領土」，原本純潔的「淨土」變成了欲望的疆域。

當我們逐漸長大，不再保有孩子的純真，青春、歡笑、自由與嚮往漸漸遠去，我們彼此責怪、相互憎恨、競爭……是我們的平庸、冷漠、虛偽、貪婪讓生命變成一連串不和諧的音符。

我們不能被欲望所主宰，我們的內心要努力保持純真。內心深處的那一方淨土，需要我們去捍衛，同時，我們又要學會去享受它，享受它帶給我們的快樂。人越成長，閱歷越多，也就變得越世故。但純真的心靈是不能隨著歲月的流逝而消失的，因為我們越成長，就越需要它為我們越來越世故的人生添上幾朵純白的雲。總之，心靈美，莫過於純真；換言之，純真是心靈美的極致。

永遠保持朝氣蓬勃

人們都喜歡朝氣蓬勃、欣欣向榮的景象，因為這會給人帶來一種舒適、愜意的感覺，你的心也會有一種朝氣蓬勃、努力向上的感覺。誰都會喜歡這種感覺，因為它帶有陽光的味道。

每個人對人生都有自己獨特的詮釋，是追求，是執著……但有一點永遠不會變：人生是成敗交替的綜合體，是得失相容的五味瓶，想要真正讀懂人生，必須先讀懂失敗、不幸、挫折和痛苦。

獨步人生，我們會遇到種種困難，甚至舉步維艱，悲觀失望。征途茫茫，有時看不到一絲星光；長路漫漫，有時走得並不瀟灑浪漫。這時，給自己一個笑臉，讓源於心底的那份執著，鼓舞著自己插上長風的翅膀過盡千帆；讓來自於遠方的呼喚，激勵著自己帶著生命闖過難關。

晴空萬里，一架民航客機在藍天白雲之間平穩飛行。突然，客機抖動不止，越來越難以操縱。機組人員明白，應該是出現了機械故障。

第六章　駕馭心理學，讓心態寧靜平和

　　機組人員想盡一切辦法排除機械故障，但沒有成功。在他們奮力排除故障的同時，不得不用廣播告知這個意外的壞消息：「各位乘客，飛機出現了一點小毛病，請相信我們，我們完全有把握修好。但是，為了防備萬一，請各位寫好留言，做好被迫跳傘的準備⋯⋯」

　　乘客們聽後十分驚恐，幾乎都預感到情況不妙。在空服員的指導和幫助下，乘客們抓緊時間做著面臨空難的一切準備。

　　在那麼多驚慌失措的乘客中，有一位老太太表現得格外安詳，穩穩地坐在自己的座位上。有一個乘客發現了她並感到很震驚，心想：「哎喲，她的境界真是太高了！命都快沒了，怎麼還能如此泰然，難道她聽不到廣播？」

　　儘管飛機的故障沒有徹底排除，但還是化險為夷，平安迫降在途中的一個臨時機場上。大難不死的乘客，個個如釋重負地走下飛機。有的乘客深有感觸地對採訪的記者說：「哇！我活了！我獲得了第二次生命！我要好好地過日子！我要⋯⋯」

　　此時，剛才那個乘客一轉身，又看到了那個老太太，她正神態自若地走下舷梯，臉上一點驚喜的表情都沒有。這位乘客心想：「我嚇得半死的時候，她卻若無其事；我慶幸生還的時候，她卻不動聲色，這是什麼樣的境界啊？她真是太讓人難以理解了！」於是，他走過去對老太太說：「我想問一問，剛才我們所有的人都經歷了與死神擦肩而過的考驗，但您卻始終如一的安詳、鎮定。都說女人是最柔弱的，可您的

表現實在是讓我感到震驚。您能不能告訴我是什麼原因？」

老太太微笑著說：「我有兩個女兒，大女兒幾年前去世了，今天我是乘飛機看我的二女兒去。當時飛機上播了這條不幸的消息之後，我就想：如果飛機能平安到達，我就如願以償地看我的二女兒；如果萬一飛機失事，那我就改道去天國看我的大女兒。不管是什麼結果，總能看到一個女兒，我還有什麼可怕的呢？這個世界上，女人是最柔弱的，但母親卻是最堅強的。」

這位乘客聽後由衷地說：「老人家，您的心態就像燦爛的陽光一樣。一個人如果達到您的境界，就不會有什麼事情想不開了。」

人生不如意，十之有八九。決定幸與不幸、快樂與痛苦的，不是我們的處境，而是我們的心態。不管發生了多麼令人不愉快的事情，都要保持陽光心態，勇敢面對，與生活講和。既能接受事實、享受事實，又能善待自己、善待別人。有一句話值得記住：正面的心態像太陽，照到哪裡哪裡亮；負面的心態像月亮，初一十五不一樣。

好的心態讓你成功，壞的心態毀滅你自己。我們改變不了事情，卻可以改變對事情的態度。一個人因為發生的事情所受到的傷害，不如他對這個事情的看法更重要。事情本身不重要，重要的是人對這個事情的態度。態度變了，事情就變了，結果也會跟著改變。

第六章　駕馭心理學，讓心態寧靜平和

人與人之間存在差異，最大的差異就是心態，因為心態可以導致人生驚人的不同。我們生活在世上，經歷的不都是高興的、快樂的事情，也會有諸多不盡如人意的事情，或喜或悲，或苦或甜。對我們來說，快樂是一種角度，痛苦和悲傷是生活的自然組成部分。擁有快樂的生活就是擁有幸福，所以我們要學會快樂生活，遠離痛苦，遠離悲哀。

塑造陽光心態，就是要有足夠的自我安全感，不要誠惶誠恐，瞎忙一通，到頭來一團糟。要了解自己，正確掌握自己和評價自己，不能覺得自己比誰都強，比誰都好，而看不起別人；也不能自大自傲，輕視他人。學會在生活中不斷地發現美，努力去欣賞別人、欣賞生活。儘管生活理想與現實相差太遠，但要在灰暗中看到光明、看到希望，正面的心態會使我們朝著心中的目標去努力。

好心情才能欣賞好風光，好花在有好心賞。你的內心是一團火，才能釋放出光和熱，你的內心是一塊冰，就是化了也還是零度。「人之幸福在於心之幸福」，我們不妨打開心靈的窗戶，讓溫暖的陽光根植於我們的心田。

把快樂藏在內心裡

快樂有時像在天上飛的風箏一樣,雖然有時我們看不見它,但線在我們手中,它不會飛遠。只要我們願意,快樂就會隨時圍繞著我們,直到永遠。

每個人都希望自己生活得快樂。快樂不是別人給的,而是來自於自己內心的感受。不同的人對同一件事有不同的心態,因而便產生不同的結果。幸福快樂的祕密在每個人的心中,每個人都具備使自己幸福快樂的資源,只是許多人沒有善用這些「幸福快樂的資源」,因而感到不快樂。

傳說在某一天,上帝和天使們召開了一個腦力激盪會議。上帝說:「我要人類在付出一番努力之後才能找到快樂,我們把人生幸福快樂的祕密藏在什麼地方比較好呢?」一位天使說:「把它藏在高山上,這樣人類肯定很難發現,就算要找到快樂,也要付出很多努力。」上帝聽了搖搖頭。另一位天使說:「把它藏在大海深處,人們一定發現不了。」上帝聽了還是搖搖頭。又有一位天使說:「人們總是向外去尋找自己的幸福快樂,而從來沒有人會想到在自己身上去發掘幸福快樂的祕密。我認為把幸福快樂的祕密藏在人類的心中比較

第六章 駕馭心理學，讓心態寧靜平和

好。」上帝聽後微笑著點點頭，表示對這個答案非常滿意。從此，幸福快樂的祕密就藏在了每個人的心中。

快樂只是內心的一種感受，它取決於人的心態。擁有了一顆快樂的心，你就會發現，快樂是無處不在的。歌德夫人說過：「我之所以高興，是因為我心中的明燈沒有熄滅。道路雖然艱難，但我卻不停地求索我生命中細小的快樂。如果門太矮，我會彎下腰；如果我可以挪開前行時路上的絆腳石，我就回去動手挪開；如果石頭太重，我可以換一條路走。我在每天的生活中都可以找到高興的事情。」

有一個小女孩每天都從家裡走路去上學。一天早上天氣不太好，雲層漸漸變厚，到了下午時風吹得更急，不久便開始閃電、打雷、下大雨。小女孩的媽媽很擔心女兒會被雷聲嚇著，甚至被雷擊到。雷雨下得越來越大，閃電像一把銳利的劍刺破天空，小女孩的媽媽趕緊開著自己的車，沿著上學的路線去找小女孩，她看到自己的小女兒一個人走在街上，卻發現每次閃電時，她都停下腳步、抬頭往上看並露出微笑。看了許久，媽媽終於忍不住叫住她的孩子，問她說：「你在做什麼啊？」她說：「上帝剛才幫我照相，所以我要笑啊！」

一個人擁有快樂才會生活得愜意，沒有快樂的人生是枯燥乏味的人生。一個人能不能快樂，完全取決於自己對待生活的態度，取決於自己的選擇。每個人都有選擇快樂或者不

快樂的權利。所以,我們完全可以讓自己快樂起來。幸福快樂的人所擁有的思想和行為能力,都是經過一個過程培養出來的。在開始的時候,他們與其他人所具備的條件是一樣的。我們可以靠改變思想去改變自己的情緒行為,從而改變自己的人生。我們每天遇到的事物都包含成功快樂的因素,取捨全由個人決定。所有事情和經驗裡面,正面和負面的意義同時存在,把事情和經驗轉為絆腳石或者是踏腳石,由你自己決定。

　　只要保持快樂的心態,我們的生活就會變得多姿多彩,輕鬆愜意。事實上,在生活中遇到困難和不如意在所難免,快樂與否完全靠的是一種心態,關鍵是如何用良好的心態來克服困難和對待不如意。相信自己有能力或凡事皆有可能,是對自己幸福快樂最有效的保證。生活中的苦樂全在於我們的感覺,凡能變更心境者就能變更生活。

第六章　駕馭心理學，讓心態寧靜平和

向正確的方向前進

每天都花一點時間問一下自己的內心：真正想要的是什麼？什麼才是人生中最重要的？慢慢便會發現，那些遙遠而不切實際的東西都是我們行動的累贅，而那些離我們最近的事物才是快樂所在。

我們大都會經過這樣一個特殊的年齡層，由於年輕而缺少豐富的人生閱歷和社會經驗，再加上來自社會激烈競爭和各方面太多的負擔和壓力，使得我們往往不確定自己的人生方向，在別人的引導和要求下迷失了自我。

每天我們都會聽到各種評論：「你不能這樣做啦」、「你哪裡又做不好啦」……我們總是在別人的評價中打轉，為了迎合別人的口味而不斷改變自己，到最後才發現，自己變得什麼也不是，因為自己不可能做到完美，結果迷失了自我。

現代人常把自己的思緒搞得一團亂，卻很少有人進行必要的自我調節。在這種混亂的生活狀態中，人的內心漸漸失去平衡，變得沒有條理，生活的目的也跟著盲目起來。不知道自己所為何來，也不知道自己終將怎樣。想法很多，卻不

知從何著手，思維混亂，長久下去便會產生心理疾病，從而影響健康。美國一位著名心理學家認為：現代人因為迷失和淹沒在各種目標中，心裡很容易產生挫折感和種種焦慮，甚至不快，所以活得很累。

人如果總是這樣，就沒有幸福可言，並會失去最主要的東西，並丟掉眼前的一些機會，變成「為明天而明天」的生活痛苦者。在現實生活中，生存就像不停地走在十字街頭，在迷惑的十字街頭徘徊很容易迷失方向，堅定自己的想法和信念，憑著執著的信念勇敢地向前走，就算跌倒也不要放棄。

有兩個學生拜弈秋為師學習下棋。其中一個學生每次聽課都全神貫注，一心一意地聽弈秋講解棋道；而另一個學生雖然很聰明，但上課時總是心不在焉，三心二意。今天想學下棋，明天又想學畫畫，不時便有新想法冒出來。

一次上課時，有一群大雁從他們頭上飛過，那個專心學棋的學生連頭都沒有抬一下，渾然不覺。而心不在焉的學生雖然看著也像是在那裡聽，但心裡卻想著拿了箭去射大雁，夢想著有一天要做一名出色的弓箭手。若干年後，那位專心致志學生成了一名出色的棋手，而另一位呢，卻一事無成。

大多情況下，人們對生活的迷失都是由所要或所想太多，而又一時達不到目標造成的。這種想法使很多人不能將精力專注於一項事業，目標太多，反而會錯過許多近在眼前

第六章　駕馭心理學，讓心態寧靜平和

的景色，失去了一些可以馬上抓住的機會。人無法專注於一處，總是做著這件事，又想著那件事，結果什麼都做不好。內心的挫折感不斷加大，只能是腳步匆匆，再也沒有寧靜。

一個人的精力是有限的，把精力分散在好幾件事情上，不但不是明智的選擇，而且是不切實際的考慮，因為在通常狀況下，這幾件事情都不會做得很好。而如果每次專心地只做好一件事，精力便能夠集中，也必定有所收穫。等這件事做完後，再去做下一件事，這樣每一件事都能夠做得很好。

只要我們一次只專心地做一件事，全身心地投入並積極地希望它成功，這樣我們就不會感到精疲力竭。不要讓我們的思維轉到別的事情或別的想法上去，專心於我們正在做著的事，選擇最重要的事先做，把其他的事放在一邊。做得少一點，做得好一點，我們就會得到更多。所以，不要再胡思亂想，偏離正確的人生軌道，把精力集中在最能讓自己快樂的事情上。

毅然背起人生的背簍

當你感受到生活的沉重時，你應該感受到慶幸和滿意、歡喜。因為沉重的背後必然是生活的豐碩和事業的收穫。

現實生活中有許多做不完的事。似乎每天只有一個字，那就是「忙」。忙得焦頭爛額，顧此失彼。在無休止的忙碌中，白髮一天天見長，皺紋一天天增多，肩頭的擔子，也一天比一天沉重。於是，便時常為生活的重負而苦惱、煩躁、悶悶不樂。

世上本無事，庸人自擾之。生活中本來就充滿酸甜苦辣，生而為人自然要體會百味人生。在人生中，不應該逃避生活，在奮鬥的過程中應保持一顆平常心，坐看雲起，一任滄桑，就會活得愜意。

人生本是一場旅行，誰也買不到回程票，何不讓一切隨緣，不去想能不能回到出發地或是上一個車站所錯過的風景，而是用心地欣賞窗外的好風光。

一個人覺得生活很沉重，便去見哲人柏拉圖，以尋求解脫之道。

第六章　駕馭心理學，讓心態寧靜平和

　　柏拉圖在聽了他的苦惱以後，拿了一個竹簍給他，指著一條鋪滿沙礫的道路對他說：「你每走一步就撿一塊自己喜歡的石頭放進去，看看有什麼感覺。」那人開始遵照柏拉圖所說的去做，柏拉圖則快步走到路的另一頭。

　　過了一會兒，那人走到路的盡頭，柏拉圖問他有什麼感覺。

　　那人說：「越往前走，讓人喜歡的石子越多，背簍也越來越沉重。」

　　柏拉圖微笑著說：「年輕人，我們每個人來到這個世界的時候，都揹著一個空空的簍子。然而，隨著我們逐漸長大，喜歡的東西也越來越多。我們每走出一步，就要從這個世界上撿一樣喜歡的東西放進背簍。結果走得越遠，背簍裡的東西就越多，這就是你覺得生活的負擔越來越重的原因。」

　　那人問：「有什麼辦法可以減輕這些的沉重負擔？」

　　「要減輕這份沉重其實很簡單，你只要把工作、婚姻、家庭、朋友等其中任何一樣東西拿出來，背簍都會減輕重量。」柏拉圖反問他：「那麼，你願意把哪一樣東西拿出來呢？」那個人聽後沉默不語。

　　柏拉圖說：「既然難以割捨，那就不要想背負的沉重，而去想擁有的歡樂。我們每個人的簍子裡裝的不僅僅是上天對我們的恩賜，還有責任和義務。當你感到沉重時，也許你應該慶幸自己不是另外一個，因為他的簍子可能比你的大多了，也沉重多了。這樣一想，你的簍子裡不就擁有更多的快樂了嗎？」那人聽後恍然大悟。

毅然背起人生的背簍

人人都有一個背簍，背簍裡裝著我們所擁有的東西，我們還會因需求的增長而不斷地在背簍中增添內容。背簍給了我們壓力，但這個壓力我們必須承擔，因為那是我們的責任所在。

人生本就不是一次享受之旅，既然選擇了生活，就應該面對生活道路上的坑坑窪窪，就應該勇敢地背負人生的背簍。

我們裝進背簍裡的是我們在生命的歷程中，在這個世界尋找來的工作、愛情、家庭和友誼等許多令我們魂牽夢繫、難捨難分的「東西」。就是因為這些捨去不了的「沉重」，才讓我們感到生命的豐富，才讓我們感到了生命的充實，才讓我們感到了生命的美好。所以，當我們感受到生活的沉重時，應該感到慶幸和滿足。因為沉重的背後，必然是生活的豐碩和人生閱歷的增多。

人生的背簍，所承擔的，永遠是一種幸福的重量。

國家圖書館出版品預行編目資料

「不糾結」的人生：不消耗自己、學會放下過去、控制負面情緒……讓心過得好一點，別再忙著「應付人生」！ / 寧可以 編著. -- 第一版. -- 臺北市：財經錢線文化事業有限公司, 2025.04
面； 公分
POD 版
ISBN 978-626-408-237-2(平裝)
1.CST: 自我實現 2.CST: 生活指導
177.2   114004220

電子書購買

爽讀 APP

臉書

「不糾結」的人生：不消耗自己、學會放下過去、控制負面情緒……讓心過得好一點，別再忙著「應付人生」！

編　　著：寧可以
發 行 人：黃振庭
出 版 者：財經錢線文化事業有限公司
發 行 者：崧燁文化事業有限公司
E - m a i l：sonbookservice@gmail.com
粉 絲 頁：https://www.facebook.com/sonbookss/
網　　址：https://sonbook.net/
地　　址：台北市中正區重慶南路一段 61 號 8 樓
8F., No.61, Sec. 1, Chongqing S. Rd., Zhongzheng Dist., Taipei City 100, Taiwan
電　　話：(02) 2370-3310　傳　真：(02) 2388-1990
印　　刷：京峯數位服務有限公司
律師顧問：廣華律師事務所 張珮琦律師

-版權聲明-
本書版權為出版策劃人：孔寧所有授權財經錢線文化事業有限公司獨家發行電子書及繁體書繁體字版。若有其他相關權利及授權需求請與本公司聯繫。
未經書面許可，不得複製、發行。

定　　價：330 元
發行日期：2025 年 04 月第一版
◎本書以 POD 印製